新版 光明法語

【道の巻】

谷口雅春［著］

日本教文社

はしがき

「谷口雅春著作集」刊行に懐《おも》う

人間には「生老病死《しょうろうびょうし》」の四苦と謂《い》うて誰でもこの四つの苦しみの一周を卒業して次の「生老病死」の新しいサイクルに進み行くのである。〝永遠の死〟は無いのである。私は今その生命循環《せいめいじゅんかん》のサイクルの「老」の境地を体験しつつあるのである。「老」なんて面倒《めんどう》くさいからそれを跳《と》び超《こ》えて次の境地に跳躍《ちょうやく》して行け!! と気張《きば》って見ても跳躍は許されないのが人間である。老境《ろうきょう》に入ってから、今年が日本教文社《にっぽんきょうぶんしゃ》の前身、光明思想普及会《こうみょうしそうふきゅうかい》の創立五十周年に当《あた》ると聴《き》かされて、私は何だか悠遠《ゆうえん》な気がするのである。私の生涯《しょうがい》からその一サイクルを締《し》めくくるために「谷口雅春著作集」

を刊行するから、その〝はしがき〟を書いてくれと頼《たの》まれて、〝何を書こうか、「案」を示してほしい〟と言ったら、私が運動の第一線から退《しりぞ》いて長崎の風光明媚《ふうこうめいび》な大村湾に面した公邸《こうてい》に移り住んでから約十年になる、と云《い》う文句でその文章の書出《かきだ》しを編集部で書いて下さったのである。併《しか》し私が長崎に移転したのは決して運動の第一線から退くためではなかった。第一線より更《さら》に奥深《おくぶか》く現象界《げんしょうかい》の前線よりも一層《いっそう》深く現象以前の世界と交通するためであった。私は此《こ》の長崎の地に移転してから「龍宮住吉本宮《りゅうぐうすみよしほんぐう》」を建立《こんりゅう》した。龍宮と関係のない住吉神社は日本の各所にたくさんある。併《しか》し「龍宮に本地《ほんじ》をもち給《たま》う住吉大神《すみよしのおおかみ》」を祭祀《さいし》する本宮を地上に建立したのは私が初めてである。編集者のひとりが書いて下さったようには私は「長崎の風光明媚な大村湾に面した公邸」に住んでいるのではないのである。正直に謂《い》うならば、私は此《こ》の地に移り住んでも風光明媚な大村湾をまだ一度も見たことがないのである。それは私の行く処《ところ》、何処《いずこ》も素晴《すば》らしい景観《けいかん》だからであろう。

はしがき

惟《おも》い起こせば、谷口雅春が今の九州の居住地に住む前の東京原宿《はらじゅく》穏田《おんでん》に兵庫県の住吉村から移転したのが昭和九年八月末だった。当時創立以来の関西の親しい方々からは大層淋《たいそうさび》しがられたが、教えが全国的に展《ひろ》がり伸《の》びるためには、やはり日本の中心に位置すべきだという、東京の信徒の幹部の方々の熱心なすすめがあったのである。日本の中心で、という発想には勿論《もちろん》、文化的活動はその国の首都にあると云《い》うのが常識であり、生長の家の運動は文書による活動が大きな比重を占《し》めているからである。もともと生長の家の精神運動は、谷口雅春個人雑誌「生長の家」の創刊をもって出発した運動であった。私自身、少年時代より自分の文章に自信があり投書雑誌に投稿《とうこう》するのを楽しみにしていた事もある。『生命《せいめい》の實相《じっそう》』自伝篇《じでんへん》やその他でも書いているように、長じて益々《ますます》、古今東西の書に親しみ、思索《しさく》し、筆を執《と》ることを唯一《ゆいいつ》の生き甲斐《がい》として来たものだ。もとより「生長の家」誌の執筆《しっぴつ》は神に祈り、大宇宙の叡智《えいち》に導《みちび》かれての事であった。

その志を達成し、より多くの人々を光明化《こうみょうか》する炬火《きょか》を高く掲《かか》げるには、その当時、私はやはり日本では文化の中心である東京へ行くことを潜在意識は希望していた。ところがその希望が実現する機運《きうん》がめぐって来た。「われ山頂より雲を招《よ》ぶ」と題して、私が出版伝道の機関・株式会社「生長の家聖典《せいてん》普及会」の設立を提唱する文章を書いて発表したのは、そんな機運の熟しつつあるとき、昭和九年五月一日付の「生長の家」誌第五輯《しゅう》第五号であった。三方金《さんぽうきん》・黒革表紙《くろかわびょうし》の『生命の實相』の継続《けいぞく》第二巻を『久遠《くおん》の實在《じつざい》』と題して刊行した直後である。

五月五日、私は上京し、東京の誌友《しゆう》から招《まね》かれて東京練馬《ねりま》の服部《はっとり》仁郎《にろう》邸《てい》の誌友会に出席した。その時宮崎政吉《みやざきまさきち》氏より「自邸の用地のお山と愛称《あいしょう》している高台《たかだい》の地の一部を東京支部道場建設の為《ため》に使用されたい」との申出《もうしで》があり、私は悦《よろこ》んで承諾《しょうだく》してその高台の地に移転することに決した。そして五月二十二日、「誌友の東京移住の懇《こん》請《せい》に応《こた》えて承諾」の手紙を当時東京の誌友の総代《そうだい》のような仕事をしていられた服部仁郎氏へ送った。奇《く》しくも「生長の家」誌に書いた「われ山頂より雲を招《よ》ぶ」と一致《いっち》し、実現したことになる。これが生長の家総裁の家のある土地を「お山《やま》」と親しい感じで呼ぶことになった経緯《いきさつ》である。「生長の家」誌同年七月号に私は「われ雲招《よ》べば雲来《きた》る」の文章を発表し、その約半年後の十一月二十五日、法的の株式会社として光明思想普及会が晴《は》れ晴《ば》れと明るい心で発足したのである。私は最初から主導者《しゅどうしゃ》という権威《けんい》ある役職につくことを避《さ》け、単に顧問《こもん》という名儀《めいぎ》で重役《じゅうやく》の一人に組《く》み込《こ》まれ、社長に宮崎喜久雄《みやざききくお》氏になって貰《もら》い、常務《じょうむ》に当時東北地方の新聞に『法華経《ほけきょう》』の解釈《かいしゃく》を連《れん》載《さい》していられた仏教に造詣《ぞうけい》深い佐藤勝身《さとうかつみ》氏を勧請《かんじょう》して就任して頂《いただ》いた。

光明思想普及会が戦時中《せんじちゅう》、宗教雑誌に紙を裕《ゆた》かに配給《はいきゅう》することは政府の許可するところとならず、時局《じきょく》の要請《ようせい》する処《ところ》に応《こた》えて戦時国内食糧《しょくりょう》に寄与《きよ》する目的で農学校を建設して、実地に農作物を耕作する社団《しゃだん》として光明思想普及会を日本興農社《にっぽんこうのうしゃ》と改《かい》称《しょう》し、埼玉県の農地を買収して農学校を計画しつつあったが、その計画が実現しないうちに戦争がやまったので、昭和二十一年七月、日本興農社を日本教文社に社名変《へん》更《こう》して、光明思想普及の出版物を発行する会社の体裁《ていさい》を整《ととの》えたのであった。

今秋、此《こ》の会社の出発点よりかぞえて五十周年になりますと、熱心な誌友から知らせがあったのである。人間の運命も有為転変《ういてんぺん》限りなく時勢に揺《ゆ》り動かされるが、会社も同じで色々の転変を経《へ》て今日の日本教文社に生長したものである。この間の経緯と想《おも》い出《で》を辿《たど》りつつ、懐《なつか》しい方々の顔を思い浮《う》かべながらもっと詳《くわ》しく書きつづけると、一冊の本になる位《くらい》だが、生長の家の運動が真理の文書伝道と講演行脚《あんぎゃ》を二大柱としてその理想目的を貫《つらぬ》いて来たことは、その当時から偉大《いだい》なる特色である。特に私の執筆せる原稿《げんこう》が、毎月のすべての月刊誌に欠かさず大量に掲載《けいさい》されて来たことは、恐《おそ》らく専門の文筆家でも為《な》し得ないことではなかったろうか。作家の丹羽文雄《にわふみお》氏が多作家として尨大《ぼうだい》な著作を執筆されたと聞いたが、誰かの計算ではそれにも優《まさ》る執筆量だったと批評されていたが、私の執筆は止《や》むに已《や》まれぬ使命感《しめいかん》がそれを促《うなが》したのだった。

私は神のラッパとして真理を語り、ペンを持たされて来たのだった。霊感《れいかん》に導かれて溢《あふ》れる発想を紙に移すのに、筆が間に合わないほどであった。埼玉県入間郡《いるまぐん》（そんな地名は私自身アルかナイカ不知）のある透視《とうし》の出来る青年霊能者《れいのうしゃ》が私に手紙を寄越《よこ》して、私の執筆中私ならざる白髪《はくはつ》の老翁《ろうおう》の物凄《ものすご》いスピードで執筆している霊姿《れいし》を屢々《しばしば》視《み》ていると報《し》らせて来たことがある。恐《おそ》らく私の真理に関する執筆は、この肉体の私の執筆ではなく、その白髪の老翁の姿をした霊人《れいじん》が執筆していたので、その文章を読むと病気が治るなどという奇蹟《きせき》が出て来たのだと思う。

さて私も今は既《すで》に九十歳《さい》を越《こ》え、執筆に要する体力も減衰《げんすい》して来たので、一応、今までの執筆を「谷口雅春著作集」として順序を整え、日本教文社で編纂《へんさん》発行することになった。その第一巻に『光明法語《こうみょうほうご》』を選ばれたのは、とりわけ私にとっても読者にとってもこの巻が最も懐《なつか》しく印象深いからである。戦争の爪跡《つめあと》がまだ随所《ずいしょ》に残る昭和二十四年、四季を描《えが》いた私の淡彩《たんさい》を四葉挿入《ようそうにゅう》し、和《わ》とじ帙《ちつ》入りの香り高い豪華本《ごうかぼん》として世に出た。印刷・製本事情も未《いま》だ恢復《かいふく》せず、諸材料《しょざいりょう》も涸渇《こかつ》している中で、当時の私の著作の編集長の山口悌治《やまぐちやすはる》氏が心魂傾《しんこんかたむ》けて作られたものだった。今は既《すで》に故人《こじん》である山口悌治氏も霊界で今度のこの出版物が再び世に出ることを知って、嘸《さ》ぞ悦《よろこ》んでいられることだと思う。

本書はその後絶版《ぜっぱん》となり、復刊《ふっかん》の要望が高かったと聞いているが、格調《かくちょう》高い法語は歳月《さいげつ》を経《へ》て愈々《いよいよ》輝《かがや》きを増していると思う。これは自分の文章を賞《ほ》めるのでなく、私の執筆を指導し給《たま》うた神を讃《たた》えているのである。その第一巻と偕《とも》に、続刊の書も繰《くり》返《かえ》し日々精読《せいどく》いただけば、生長の家の指導の神・龍宮住吉大神の歓喜《かんき》の御守護《ごしゅご》を読者は授かることになり、光明一元《こうみょういちげん》の幸福生活を如実《にょじつ》に現象界に実現し得られることとなると思う。

尚《なお》、本書の毎月の見出《みだ》しの語は、今回新たに付け加えた。本著作集の編集に方《あた》り、全章の文字遣《もじづか》いを時代の要請に準じて常用漢字・新かなに改めたが、内容は全《まった》く旧版と同一である。その上、今後の私の文章もこの著作集の補遺篇《ほいへん》として将来著作集の中に組み込むつもりである。

昭和五十九年八月一日

著者識《しる》す

新版　光明法語　目次

一月の法語　神霊に導かれて……27

四月の法語　信仰の本質

六月の法語　天国は汝《なんじ》の内にあり……………151

七月の法語　生命の本源は神……177

八月の法語　人間は神の自己実現……201

新版凡例

一、本書の初版発行は、昭和24年7月1日である。

一、初版発行後、本書は、昭和59年9月20日に谷口雅春著作集（全10巻）の第1巻として発行された。

一、初版の文字遣いは、正漢字・歴史的仮名遣いであったが、谷口雅春著作集より、常用漢字・現代仮名遣いに改められた。本書はこの谷口雅春著作集 第1巻を底本としている。

一、底本には、一部の漢字に正漢字が用いられていたが、それらを常用漢字に改め、振り仮名も増やした。振り仮名を増やすにあたって、総振り仮名付きであった初版を参照した。また、活字を大きくし、組体裁も変えたが、内容に変動はない。

一、底本の巻頭の揮毫は割愛した。

一、「はしがき」は、底本・谷口雅春著作集 第1巻のものをそのまま掲載した。

一、目次には、毎日の法語の見出しを付け加えた。

一、本書には、一部今日とは時代背景を異にする表現があるものの、原文尊重のためそのままとした。

株式会社　日本教文社

一月の法語

神霊に導かれて

一月一日の法語　人生は何のためにあるか

人間が地上に生《せい》をうけたのは何故《なぜ》だろうか。何のために人生はあるのだろうか。人間は何のために生《うま》れたのだろうか。これこそは真面目《まじめ》な真剣《しんけん》な人々の切実《せつじつ》な問《とい》である。人間を神がつくったのは、神自身を享受《きょうじゅ》せんがために、神自身の生命を此《こ》の世に具《ぐ》体化《たいか》したのである。凡《およ》そ自己が存在するならば自己の存在を自己が知らねばならない。知らなければ自己が存在するところの意義《いぎ》をなさないからである。しかし自己が自己を知ると云《い》うことは、眼《め》が自分の眼を見ることが出来ないと同様《どうよう》にそのままでは出来ないのである。

一月二日の法語　神の人間創造《そうぞう》の意義《いぎ》

自己が自己を知り、自己が自己を観《み》るにはそれを客観化《きゃっかんか》しなければならない。換言《かんげん》すれば唯一《ゆいいつ》の存在としての自己が、「観《み》るもの」と「観《み》られるもの」との相対《そうたい》に分化《ぶんか》しなければならないのである。「働くもの」と「働きかけられるもの」と相対に分化しなければならないのである。眼《め》が眼を見るには、眼は鏡《かがみ》を媒介《ばいかい》として仮《か》りに自己の外《そと》に「自己の影《かげ》」を見なければならないようにである。神が人間をつくったのは、神が自己自身の姿を観《み》るために、神が自己自身の姿を楽しむため、自己の外に自己の影を創造《そうぞう》したのである。

一月三日の法語　「知恵《ちえ》の樹《こ》の実《み》」を食べると云《い》うこと

かくて人間は神の映像《えいぞう》であるから、神そのままの姿に完全円満なのが真実である。それにも拘《かか》わらず人は自由に空想を駛《は》せて、神の創造《そうぞう》の中にも善なるものと悪なるものとが存在すると考え出したのである。これが「知恵《ちえ》の樹《こ》の果《み》」を食べたと云《い》うことに当《あた》るのである。この「悪」も存在すると云《い》う考えが具象化《ぐしょうか》して「悪」なる現象《げんしょう》を固定化し此世《このよ》に悪を造構《ぞうこう》することになったのである。かくて人間は自《みず》からの心が描《えが》いた映像を見て慴《おび》え、悲しみ、心配をし、みずから不快になり、痛《いた》み、悲しむことになったのである。思いを変えよ。

一月四日の法語　先《ま》ず想《おも》いを変えよ

自己の環境《かんきょう》も肉体も自己の念《おもい》の反映《はんえい》であるから、思いを変えれば環境も肉体も変《かわ》るのである。不幸を思えば不幸が来《きた》るのである。若《も》し自分に危険が迫《せま》って来《く》るとするならば、それは如何《いか》に外《そと》から迫って来るかのように見えようとも、それは自己の心のうちに生《しょう》じたものであることを知らねばならぬ。危険を予感するものには危険が来るのである。自己の運命は自己が作者であり、自己が完成者である。不幸から自己を護《まも》るのは、自分の心のうちに不幸を予感することを止《や》めることから始めねばならないのである。

一月五日の法語　心の反映《はんえい》が環境《かんきょう》である

自己の念《こころ》の反映《はんえい》が環境《かんきょう》であるから、自己の念《こころ》が一変するならば環境が一変しはじめるのである。環境が具体的《ぐたいてき》に一変するに先立《さきだ》って、自己の念《こころ》が平和になり、明朗《めいろう》になり、落着《おちつ》いて来るのは、祈りが先《ま》ず自己の念《こころ》を変化したことの証明である。神は何事《なにごと》をなさんともそれが他《た》を傷つけないことである限り、貴下《きか》を助けるのにやぶさかではないのである。人を批評《ひひょう》してはならない。人を言葉でこきおろし、悪《あ》しざまに言ってはならない。人を傷つけたら、また自分が傷つくことになるのである。

一月六日の法語　神と一体の自覚

まず神と和解することが必要なのである。神の救《たす》けを得ようと思ったら天地一切《てんちいっさい》のものと和解した関係に入《い》らねばならぬ。神より悪なるものが来《く》ると考えることは神と和解しているのではない。神よりは善のみしか来《きた》らないと信ずることが神に対する和解の第一歩である。その神を対立的に観《み》ることも神に対する和解ではない。神と和解するには神と一体にならねばならぬ。即《すなわ》ち神はわが内《うち》にやどりたまい、吾《わ》が目をもって見給《みたま》い、わが耳をもって聴《き》きたまい、わが呼吸器をもって呼吸したまい、わが声をもって語りたまうと信ぜよ。

一月七日の法語　神は無限の愛であり給《たま》う

吾《われ》らは決して神の護《まも》りからのがれることは出来ない。神の無限の智慧《ちえ》からのがれることは出来ない。また神の無限の愛からのがれることは出来ないのである。神は吾々《われわれ》神の子に対して与《あた》えとうて与えとうて仕方《しかた》がないのである。吾々《われわれ》は神の無限の供給からのがれることは出来ないのである。神はわが親であり、わが供給であり給《たま》う。神は決して人間の貧《まず》しきことを欲《ほっ》したまわないのである。神は決して人間の不健康を欲し給《たま》わないのである。神は無限に完全なる生命を吾《われ》らに与え給《たま》うて、吾等《われら》の全身を健全ならしめ給《たま》うのである。

一月八日の法語　吾《われ》は日《ひ》に日《ひ》に完全円満である

神の完全なる実相《じっそう》が、吾《われ》を通じて時々刻々《じじこくこく》尚《なお》一層《いっそう》完全に実現しつつあるのである。われは神の子であり、神の智慧《ちえ》に導《みちび》かれ、神の愛に護《まも》られているが故《ゆえ》に、日々《ひび》に一層あらゆる点に於《お》いて神の完全さを顕《あら》わし来《きた》るのである。肉体に於《お》いて健全であり、思想に於《お》いて周到《しゅうとう》であり、言葉に於《お》いて無礙《むげ》であり、交友《こうゆう》に於《お》いて愛にめぐまれ、ありとあらゆる点に於《お》いて完全なのである。若《も》し汝《なんじ》が何事《なにごと》か不調和な事を経験するなら数分又《また》は数時間又は数日前に何か不調和なことを心に念《ねん》じた影《かげ》である。念を感謝に転ぜば一切《いっさい》は変化する。

一月九日の法語　眠《ねむ》りに入《い》らんとしてかく念《ねん》ぜよ

汝《なんじ》ら眠《ねむ》りに入《い》る時、汝《なんじ》の掌《たなごころ》を汝《なんじ》の眼《め》の上に置きてかく念《ねん》ぜよ。「この眼は神の眼である。善以外のもの、美以外のもの、完全以外のものは何物《なにもの》をも見ないのである。この眼は神の眼である。毎日毎日一層その実相《じっそう》の完全なる視力があらわれつつあるのである。自分の眼は神の眼である。人々の善《よ》さのほか美しさのほか、完全さのほかは何物をも視《み》ないのである」。かく念ずること毎就寝時《まいしゅうしんじ》にして、数ヵ月たちし時、或《あ》る朝目覚《めざ》むれば眼鏡《めがね》をかけていた眼が見えない。眼鏡《めがね》を外《はず》せば完全に見えた。その人の乱視性近視《らんしせいきんし》は治ったのであった。

一月十日の法語　目覚《めざ》めてはかく念《ねん》ぜよ

朝目《め》が覚《さ》めたときが一日の出発である。一日の出発を祝福《しゅくふく》されたるものにしなければならない。一日の出発を祝福されたるものとするには、既《すで》に与《あた》えられている祝福を数え上げることによってそれを感謝することから始めねばならない。

目が覚めると唇《くちびる》に「ありがとうございます」と感謝の言葉からその日の生活を始めるのである。眠《ねむ》っている間じゅう心臓《しんぞう》を鼓動《こどう》せしめ、肺臓《はいぞう》を呼吸せしめ、胃腸をして消化せしめ、色々の臓器《ぞうき》をして各々《おのおの》の役目を完全に果《は》たさしめ給《たま》いしことを神に感謝するのである。

一月十一日の法語　常に神吾《われ》を導《みちび》き給《たま》うと信ぜよ

朝目覚《めざ》めたとき、不快の思いを起こすな。今日《きょう》その日が、いままでありし日のどの日よりも祝福《しゅくふく》されたる日であると信ぜよ。而《しか》して「今日はあらゆる日のうちで一番幸福な日である」と言葉に出して二十回ずつ唱《とな》えよ。然《しか》らば、毎日毎日が、その日までの凡《あら》ゆる日よりも幸福な日となることが出来るであろう。また汝《なんじ》ら仕事にかかるとき又《また》は出勤するとき、「神様、この日一日を神様の完全な御智慧《みちえ》にて導《みちび》き給《たま》いて過《あやま》ちなからしめ給《たま》え」と祈れ。しかして神が必ず導き給《たま》うと信ぜよ。然《しか》らばその日一日じゅう過《あやま》ちはないであろう。

一月十二日の法語　神は親であり吾《われ》は神の子である

神は親であり、自分は神の子であると信ぜよ、神の智慧《ちえ》と計画とが自分と云《い》うパイプを通して流れ入り、流れ出《い》でて実現するものであると信ぜよ。

神は悦《よろこ》びであり、豊かなる生活であり、ケチなものではなく、無限の調和であり、完全なる平和であり、無限の力であり、それが自分に流入《りゅうにゅう》するのであり、自分の自覚のパイプを大きくすればどれだけでも、自分の悦《よろこ》びは大きくなり、豊かになり、調和と平和とがその生活に得られるものであることを信ぜよ。

一月十三日の法語　先《ま》ず自《みず》から与《あた》えよ

与《あた》えれば与えられるのが心の法則である。それは原因結果の法則である。朝の神想観《しんそうかん》に、自分は神の輝《かがや》く光の流入口《りゅうにゅうぐち》であり、その流入した光をもって自分は出来るだけ多勢《おおぜい》の人を照らすのだと念《ねん》ぜよ。人に対して先《ま》ず輝く微笑《ほほえみ》を与えよ。光輝く朝の挨拶《あいさつ》を行え。「お目出《めで》とうございます」と言え。先《ま》ず主人からでも好《よ》い、「お早《は》ようございます」と言え。家族全部を祝福《しゅくふく》する言葉を語れ。路傍一輪《ろぼういちりん》の野の花を手折《たお》って主人のテーブルを飾《かざ》れ。清楚《せいそ》と平和と調和と祝福の気をもって自分の家庭を飾るのだ。そこから幸福が流入して来るだろう。

一月十四日の法語　神霊《しんれい》に導《みちび》かれて

今日《きょう》吾《わ》が内《うち》に神の霊《れい》みちたまう。吾《わ》が肉体にも吾《わ》が周囲に起《おこ》る事件にも神の霊みちたまう。それを今更《いまさら》の如《ごと》く感ずるのである。わが肉体を生《い》かしたまうものは神の霊であり、わが周囲を動かしたまう者も神の霊である。わが肉体は今新たに新鮮《しんせん》なる活力を得つつあるのであり、わが周囲に起る事件は神の智慧《ちえ》に導《みちび》かれて実に滑《なめ》らかに運行しつつあるのである。われは周囲に何事《なにごと》が起って来ようとも思い煩《わずら》うことはないのである。何故《なぜ》なら、それは神の智慧《ちえ》に導かれていて万事《ばんじ》がよくなるほか致《いた》し方《かた》がないからである。

一月十五日の法語　その所に於《お》いて生き切れ

すべての人は神の子であるから、必ず何か特殊《とくしゅ》のその人でなければならない才能が宿《やど》っているのである。その才能を伸《の》ばしさえすれば必ず自己は幸福となり、世界も亦《また》、それによって幸福を得るのである。その才能とは何であるか、自己に与《あた》えられている才能が何であるかが自分に解《わか》らないときには、現在の仕事と環境《かんきょう》とに於《お》いて、自分の出来るだけの力を尽《つく》して精出《せいだ》せばよいのである。全《すべ》て既《すで》に与えられている所のものを充分《じゅうぶん》感謝してそれを生《い》かせば、必ずそれは真の自己の才能を伸ばす所の踏《ふ》み台《だい》となり、第一歩となるのである。

一月十六日の法語　惰性的《だせいてき》安定感に堕《お》ちてはならぬ

新しい想念《そうねん》を入れることが出来ず、変化すべき時に変化に抵抗《ていこう》し、新しき経験が自分の生涯《しょうがい》に入《い》り来《きた》ることを拒《こば》む人間には進歩はない。この種の抵抗は前途《ぜんと》に対する不安恐怖《きょうふ》の念《ねん》から来《く》る。今までやってきたことが一番安全だという愚《おろ》かしき固定概念《がいねん》に支配されているからである。もしすべての人類がかくの如《ごと》き固定概念に支配されていたとしたならばこの世界にも人間にもどんな進歩も発達も得られなかったのである。現在の状態の崩壊《ほうかい》することは悲しいことのように見えるけれどもそれは却《かえ》って進歩と幸福への契機《けいき》である。

一月十七日の法語　新鮮《しんせん》なる生命感に満《み》ち溢《あふ》れよ

新しい環境《かんきょう》は新しい飛躍《ひやく》を生むのである。新しき飛躍がなければ生命は潑剌《はつらつ》として生きて来ないのである。新しい環境に於《お》いて新しき夢は描《えが》かれ、新しき経験は始まり新しき事物《じぶつ》は発生し新しき幸福と新しき文化は構成される。今汝《なんじ》の心を開いて新しき世界に対処《たいしょ》せよ。新しきものを拒絶《きょぜつ》する勿《なか》れ、新しきものは汝《なんじ》を新しく生《い》かさんが為《ため》に神から遣《つか》わされたところの天の使《つかい》である。如何《いか》なる変化が起《おこ》ろうとも木枯《こがら》しが吹荒《ふきすさ》ぶとも春は旋《やが》て来るであろう。満目蕭条《まんもくしょうじょう》、荒涼《こうりょう》たる風光《ふうこう》の中に一陽来復《いちようらいふく》の桜花《おうか》爛漫《らんまん》たる春が用意されているのである。

一月十八日の法語　恐怖《きょうふ》は神から離《はな》れた時に起《おこ》る

神の霊《れい》、自己の中に宿《やど》り給《たま》う。自分の中には無限の智慧《ちえ》と力の源《みなもと》が埋蔵《まいぞう》されているのである。自分は何事《なにごと》が出て来ようとも決して恐《おそ》れはしないのである。神と共にある者の心は常に平和である。もはや吾《わ》が行く所の道に横たわる如何《いか》なる危険も困難も自分は恐れない。困難よ消え失《う》せよと吾念《われねん》ずれば困難は消え失《う》せるのである。危険よ消え失せよと念ずれば危険は直《ただ》ちに消え失せるのである。波《なみ》を叱咤《しった》すれば波は消え、山を叱咤《しった》すれば山は去るであろう。吾《われ》これをなさんと決意すれば何事でも必ずなすことが出来るのである。

一月十九日の法語　神への無条件降伏《こうふく》は無条件幸福《こうふく》である

吾《わ》が強きは吾《わ》が強きにあらず、神強きが故《ゆえ》に吾《われ》強きなり。吾《われ》は神に吾《わ》が周囲に起《お》こるあらゆる事件をうち委《まか》すのである。もはや人間の知恵《ちえ》で何事《なにごと》もしないのである。神の智慧《ちえ》にのみすべての事物《じぶつ》の解決をまかせるのである。神は全能《ぜんのう》であるから神の前には解決し得ない如何《いか》なる難問題も存在しないのである。神への無条件降伏《こうふく》は人間の無条件幸福《こうふく》となる。されば最も弱きものは最も強く、謙《へりくだ》りたる者は高く上げらる。吾《われ》常に心神《こころ》に向かう。神は吾《わ》が城であり吾《わ》が砦《とりで》である。吾《われ》全能の神の導《みちび》きを信じて吾《われ》弱きが故《ゆえ》に最も強いのである。

一月二十日の法語　神常《つね》に吾《われ》に宿《やど》り給《たま》うと信ぜよ

吾《わ》が全《すべ》ての願いは吾《わ》が中《うち》に宿《やど》り給《たま》う神が内《うち》よりもよおし給《たま》う願いである。されば吾《わ》が願いは決して成就《じょうじゅ》しない事はないのである。吾《われ》は神と一体であるという事を自覚するが故《ゆえ》に如何《いか》なる願いも必ず成就しないということはないのである。吾《われ》は吾《わ》が中《うち》に宿る神のもよおしに対していと素直にそれに従うのである。神よりの導《みちび》きは内からも外《そと》からも来るであろう。吾《われ》に何事《なにごと》でも勧《すす》めてくれる人は神が遣《つか》わし給《たま》いし天の使《つかい》である。吾《われ》は素直に外の導きにも内の導きにも従うのである。吾《われ》はあらゆるものにすなおに喜びをもって従うのである。

一月二十一日の法語　神常《つね》に吾《われ》を生《い》かし吾《われ》を導《みちび》き給《たま》う

神のすべてを生《い》かし給《たま》う生命、吾《わ》が内《うち》に吾《わ》が心の内に、吾《わ》が魂《たましい》の内に、すべての事件の内にあらわれて生かし給《たま》う。この神の大《おお》いなるいのち、常に新しきいのち今もわが中《うち》に流れ入りて常にわが組織《そしき》を新たならしめ給《たま》い、健全ならしめ給《たま》うているのである。今この瞬間《しゅんかん》このわが頭の先からわが爪先《つまさき》に到《いた》るまで輝《かがや》く神のいのちに満《み》たされているのである。もはやわが肉体は神の肉体である。わが肺臓《はいぞう》は神の肺臓である。わが胃袋《いぶくろ》は神の胃袋である。吾《わ》が全《すべ》ての内臓《ないぞう》は神のすべての内臓である。完全に健康であるほかあり得ないのである。

一月二十二日の法語　困難、困難に非《あら》ず

あらゆる見せかけの困難はすでに困難ではないのである。吾《われ》は何事《なにごと》が起《おこ》って来よう

とも神之《これ》を解決し給《たま》うことを信ずるのである。如何《いか》なる出来事もこの信念《しんねん》を打ちこわすことは出来ないのである。吾《われ》は目の前に起って来る如何《いか》なる困難をも呪《のろ》いはしないのである。すべての困難は吾《わ》が魂《たましい》を鍛《きた》え上げる鍵《かぎ》である。吾《わ》が魂を磨《みが》くやすりである。吾《わ》が魂が鍛えられ、磨かれ、光輝燦然《こうきさんぜん》と輝《かがや》く様《よう》になった時、もはやそのようなあらあらしい砥石《といし》は自分の魂に不必要になって来るのである。従ってそのような困難は消えてしまう。

一月二十三日の法語　在《あ》るものはただ神のみと思念《しねん》せよ

人々よ、よき言葉を語れ。悪《あ》しきことばに惑《まど》わさるること勿《なか》れ。悲観的なことばを発するな。悲観的なことばに惑《まど》わさるること勿《なか》れ。ことばは種《たね》であるから悪《あ》しきことばは言わぬがいい。悪しきことばを聞いたならば直《ただ》ちに心の中でそれを打消《うちけ》すことである。人もし悪しきことばを語るともその人を非難するな。人の悪しきことばは吾《わ》が心の中にある隠《かく》れたる所の想念《そうねん》の影《かげ》であると思いて自《みず》から明るくなるように反省せよ。神のみが実在であるから悪しきものは存在しないのだと否定せよ。

一月二十四日の法語　天地《てんち》に遍満《へんまん》する神の恩恵《おんけい》を知れ

人間は神の子であり神より出《い》ずる総《すべ》てのよきものにとりまかれているのである。神の恵《めぐ》みはあらゆるものに、空気に、日光に、水に、見渡《みわた》す景色《けしき》に、さえずる鳥に、あらゆるものに現れて吾々《われわれ》を恵み、はぐくみ養《やしな》い給《たま》う。神の恵みは吾々《われわれ》をとりまいていて一分《ぶ》一厘《りん》の逃《のが》れる隙《すき》もないのである。昨日《きのう》が如何《いか》にあろうとも、今日何事《きょうなにごと》が起《おこ》ろうとも、神は善と共にいますのである。人間の力にて打ち勝ち難《がた》い困難が出て来たならば、心の中に次の言葉を繰返《くりかえ》して念《ねん》ぜよ。「之《これ》は私《わたし》が解決するのではない、神が解決するのである」

一月二十五日の法語　一切《いっさい》を神にゆだねよ

あなたの描《えが》く理想が如何《いか》に不可能な単なる夢に見えようとも、何をあなたが心の中に描こうとも、それは必ず実現するのである。それが実現する為《ため》にはある時間経過を要するかもしれない。種《たね》を蒔《ま》けば発芽《はつが》を待たねばならないのである。幼弱《ようじゃく》な芽《め》はその発育が遅《おそ》いのである。伸《の》びないのをもどかしく思ってはならない。やがて大《おお》いに伸びる時が来るのである。それまではその芽をいたわれ。芽をかきとってしまうようなことをしてはならない。人の描く夢は人に宿《やど》る神の描く夢である。神は必ずその夢の実現するように助け給《たま》う。

一月二十六日の法語　最早《もはや》吾生《われい》くるに非《あら》ず

吾《われ》は歓《よろこ》びの歌をうたう。神に感謝する歌を唱《うた》う。神を讃美《さんび》する歌を唱《うた》う。あらためて私《わたし》は自分の全生命を神に捧《ささ》げるのである。私は全《まった》く神に降伏《こうふく》してしまったのである。神の前に「我《が》」がなくなったのである。今日《きょう》より後《のち》におこるすべての事件について、吾《われ》は必ず神に導《みちび》きを求めるのである。私はもう決して自分では何事《なにごと》もしないのである。神に導かれ神と共になすのである。此《こ》の世界は神の世界である。神を無視して出来ることは何一つないのである。又《また》神に於《お》いて不可能なことは何事もないのである。吾空《われむな》しければ吾《われ》は神のパイプである。

一月二十七日の法語　一切《いっさい》に感謝せよ、奉仕《ほうし》せよ

この世の中には宿命《しゅくめい》というものもなければ僥倖《ぎょうこう》というものもないのである。吾々《われわれ》の成功は吾々《われわれ》の心の産物《さんぶつ》である。吾々《われわれ》の失敗も又吾々《またわれわれ》の心の産物である。吾が能力を如何《いか》に見るかその程度に従ってその人は成功するのである。吾如何《われいか》ほどに人々に深切《しんせつ》をつくすかその程度に従ってその人は成功するのである。吾如何《われいか》ほどに人々を拝《おが》むか

その程度に従ってその人は成功するのである。吾《われ》如何《いか》ほどに人に感謝するかその程度に従ってその人は成功するのである。あらゆる成功の鍵《かぎ》はあなたの心の掌中《しょうちゅう》にあるのである。

一月二十八日の法語　常に己《おのれ》の心を清《きよ》むべし

人をさばくこと勿《なか》れ。人はそのことばや行《おこな》いによってさばいてはならないのである。実相《じっそう》に於《お》いて彼を見なければならないのである。人を実相によってよき人であると見ることが出来たならばその人はよき人と現れるのである。もしその人がよき人と現れなかったならば、それは相手が悪いのではなく、自分自身が実相を見る力の修練《しゅうれん》が足りなかったからなのである。あらゆる人間にキリストなるものが宿《やど》り、仏性《ぶっしょう》が宿り、すべての人間が神の子であり、仏の子であることを自覚する時どこにも悪《あ》しき人はいないのである。

一月二十九日の法語　神にのみ頼《たよ》れ

吾《われ》はもはや吾《われ》自身に頼《たよ》らないのである。凡《あら》ゆる条件にも境遇《きょうぐう》にも頼らないのである。吾《われ》は思念《しねん》の力にも又《また》祈りの力にも頼らないのである。吾《われ》はただ神にのみ頼るのである。私《わたし》が祈るのは祈りに頼るためではない。神に頼る言葉にすぎないのである。だからその祈りの言葉が如何《いか》にまずくともそんなことは問題ではないのである。誠《まこと》を以《も》って祈れば神は必ずその祈りに答え給《たま》う。神は求むるに先だちてすでになくてはならぬものを知り給《たま》う。唯《ただ》われは神を愛するが故《ゆえ》に、神の名をよばずにはおられないのである。

一月三十日の法語　愛は最も強力なる力なり

愛は最も強力なる力である。如何《いか》なる説《と》き伏《ふ》せも、如何《いか》なる議論も、如何《いか》なる懲《ちょう》罰《ばつ》も相手を説伏《せっぷく》せしめることは出来ないが、愛のみ相手を説伏《せっぷく》する事が出来るのである。人を害すれば又《また》自分も害される。議論すれば議論でやりかえされる。けれども愛すれば必ず相手に愛されるのである。愛は議論をこえて、一切《いっさい》の憎《にく》しみを克服《こくふく》するのである。愛は議論をこえて一切の対立を消滅《しょうめつ》するのである。最も強きものは愛である。愛されて和《なご》やかにならないものは一人もないのである。敵を殺すよりも、敵を愛するのが敵を征服《せいふく》する道である。

一月三十一日の法語　常に善念《ぜんねん》を把持《はじ》すべし

神は人間に完全なる自由を与《あた》えたのである。幸福も不幸も健康も病気もその外《ほか》なにものでも諸君は心に描《えが》くことが出来るのである。そこに完全なる人間の心の自由があるのである。心に描けば法則が自働《じどう》して心に描いたものを形に現してくれるのである。諸君は自分の運命の構図《こうず》を書くことが出来る。そして好きな所に花咲《はなさ》かせ鳥をうたわせることが出来れば又《また》すきな所に地震《じしん》も津波《つなみ》も大暴風《あらし》もおこすことが出来るのである。
全《すべ》ての人々に愛念《あいねん》を起こすべし。すべての悪を否定せよ。善にのみ汝《なんじ》の心を集中せよ。
善のみ来《きた》るであろう。

二月の法語

神は今ここに

二月一日の法語　感謝は恩恵《おんけい》の流れに対してスイッチを捻《ひね》る事である

吾々《われわれ》は電燈《でんとう》の光を得ようと思えば先《ま》ずスイッチをひねる事が必要である。先《ま》ず吾々《われわれ》みずから或《あ》る力を与《あた》えるのである、すると光が与えられるのである。太陽は照っていても、その光を受けようと思えば先ず自分が眼《め》を開かなければならぬ。眼を開くと云《い》う動作を与えることによってのみ太陽の光は与えられるのである。そのように吾《われ》らはすべての恩恵《おんけい》を与えられているのであるが、それは先ず自分が恩恵に向かって感謝することによってのみ、その恩恵がわがものになるのである。感謝すると云《い》うことはスイッチを捻《ひね》る事に当《あた》る。

二月二日の法語　与《あた》えることによってのみ受けられる

太陽の温《あたた》かさを受けようと思えば先《ま》ず一歩日向《ひなた》に向かって「歩《あゆ》み出《だ》し」を与《あた》えるこ

とが必要である。日向《ひなた》にむかって「歩み出し」を与えないでいて太陽の温かさをうけることは出来ない。写真を写すには先《ま》ずカメラに代金を払《はら》わねばならぬ。カメラを借りて来ても好《よ》いが、やはり吾《われ》らは、焦点距離《しょうてんきょり》を合わしてスイッチを捻《ひね》る動作を与えなければならないのである。音楽をきこうと思えば音楽会に金を払うか、レコードに金を払うか、蓄音機《ちくおんき》を廻《まわ》すかラジオの波長《はちょう》を合わすか、いずれにせよ金又《かねまた》は「動作」を与えなければならぬ。

二月三日の法語　気が短いのでは可《い》かぬ

「与《あた》えれば与えられる」と云《い》う法則は直《す》ぐ覿面《てきめん》にあらわれて来るものもあるが、必ずしも直《す》ぐ結果が現れないこともある。電燈《でんとう》はスイッチを捻《ひね》ればすぐつくが、水力電気や火力電気の設備を構築《こうちく》するのは一夜に出来た事ではない。電燈《でんとう》がスイッチ一つでつくようになったのは、それらの発電設備や配電設備が、多くの与えられた労力の蓄積《ちくせき》として「天の倉《くら》」に蓄《たくわ》えられているからである。麦《むぎ》は一夜にしては実《みの》らない。卵《たまご》も一夜にしては孵化《ふか》しない。すべての形の世界に現れるのは時間を通して現れる。気が短いようなことでは可《い》かぬ。

二月四日の法語　悦《よろこ》びは創造《そうぞう》の力である

神は万物《ばんぶつ》を悦《よろこ》びによって創造《そうぞう》したのである。悦《よろこ》びこそが神の本性《ほんせい》である。悦びが創造の力である。歓喜《かんき》しておれば自然に身体《からだ》が動き出すように、神は悦びの感情によって自然にその生命が動いて万物の創造となったのである。悦《よろこ》びの表現は愛である。心が悦びに満《み》たされているときは万物を愛したくなるのである。愛は悦びの変形である。創造されたものと創造したものとの自他一体の感情が愛である。かくて悦びは愛を生《しょう》じ、愛は万物を創造し、又《また》愛することによって万物を進化せしめる。愛が形をかえて色々の文化を生《しょう》ずる。

二月五日の法語　自分の立場を捨てること

自分の立場だけを考えては可《い》かぬ。人には色々の立場があり、その立場に立って思い、考え、感じ、悲しみ、苦しみ、喜んでいるのである。彼の立場に立って同喜同悲《どうきどうひ》してやるのでなければ本当に愛深いという事は出来ぬ。愛とは自分の立場に立たず、彼の立場に立って、彼のために考えてやることである。「汝《なんじ》みずからの如《ごと》く汝《なんじ》の隣人《りんじん》を愛せよ」とのイエスの聖訓《せいくん》はまさにこの事に他《ほか》ならない。『甘露《かんろ》の法雨《ほうう》』を読んでも神想観《しんそうかん》をしても治らぬ病人で「自分の立場を捨てよ、頑固《がんこ》に自分を主張する心を捨てよ」と教えられて治った人もある。

二月六日の法語　愛は全身を相手にまかせる

キリストは「我《わ》が誡《いまし》めをききて守る者は吾《われ》を愛するなり」と言っていられる。ここに言葉をきて素直に守ることが「愛すること」である事が表《あらわ》されているのである。父を愛すればその子は父の言葉を守るであろう。良人《おっと》を愛すれば妻はその言葉を守るであろう。良人《おっと》の言葉をきて素直にそれを行わない者は真に良人《おっと》を愛していると云《い》うことは出来ないのである。愛は相手に全身をまかせたい希望をよび起こす。性慾《せいよく》ばかりの問題ではないのである。本当に愛する相手に対しては何を求められても無条件に従いたくなるのである。

二月七日の法語　八十歳《さい》なお若年《じゃくねん》である

六十八歳《さい》になる老人が私《わたくし》に、「もう此《こ》の年になってからは私には機会は到底《とうてい》ないのです」。こう言って嘆《なげ》いた。こう云《い》う人は地上にもう用事のない人である。機会は余《よ》所《そ》にあるのではなく、自分の心の中にあるのである。心が若ければ人間は青年と同じように常に機会がある。三十歳で若死にする青年のことを思えば七十歳になっても、尚《なお》、百歳を生きる自覚をもっておればまだまだ機会はあるのである。私の老母は八十歳になっても山に柿《かき》の種子《たね》を植《う》えて「この柿の実《みの》るのを楽しむ」と言われた。青年とは希望をもつ者のことである。

二月八日の法語　神が此処《ここ》にいる

神が此処《ここ》にいる。そしてそれは全能《ぜんのう》であり、吾々《われわれ》の父であり、永遠に吾々《われわれ》の味方である。この事を銘記《めいき》せよ。人間に能《あた》わぬことも神は成《な》し給《たま》うのである。太陽を創造《そうぞう》し、星を彼方《かなた》にちりばめ、無数の空の鳥を飢《う》えることなく養《やしな》いたまう神が此処《ここ》にい給《たま》うのである。何も恐《おそ》るることはない。神を思い出さなかったことを恐れよ。神を思い出すことは神が流れ入り給《たま》う通路を作ることになるのである。衆生《しゅじょう》、ほとけを憶念《おくねん》すれば、仏、衆生を憶念したまう。神は吾《われ》らを忘れ給《たま》わないが、こちらが波長《はちょう》を合わす事が必要である。

二月九日の法語　隠《かく》れたる処《ところ》で人を賞《ほ》めよ

与《あた》えれば与えられるのが法則である。人に深切丁寧《しんせつていねい》にすれば、人から又深切丁寧《またしんせつていねい》にせられる。何の恩恵《おんけい》を受けたことのない人にも深切丁寧をつくすべきである。彼自身の知らないところで彼を賞《ほ》めよ。しかし多くの人は人前で彼に深切をし、彼が去れば人に彼の悪口《あっこう》を言う。彼が出て来れば彼の美点を賞揚する、彼が去れば言う。そして彼の口真似《くちまね》をしたり、隠《かく》している悪をあばいたりして嘲笑《ちょうしょう》するのである。こんな人はやがてそのカラクリが暴露《ばくろ》するのである。何故《なぜ》なら「天地一切《てんちいっさい》と和解していない」からである。

二月十日の法語　一寸《ちょっと》でも愛に反《そむ》く行為《こうい》をするな

ベージル・キング氏はその著書のなかで、人の見ないところでも一寸《ちょっと》でも不深切《ふしんせつ》な行為《こうい》をすることを全然やめた時に、自分の資産が著《いちじる》しく増加することになったと云《い》う事を書いている。これも「天地《てんち》一切《いっさい》のものと和解した」ために神の愛の流れに入口をひらいた為《ため》であると言い得る。キング氏は「神と自分との間にある通路は、実に何でもないとおろそかにする小事《しょうじ》によって塞《ふさ》がれてしまうことがある。一寸《ちょっと》したズルい行為。一寸《ちょっと》した不深切《ふしんせつ》な嘲笑《ちょうしょう》。一寸《ちょっと》した世間話《せけんばなし》。一寸《ちょっと》した酷評《こくひょう》。すべて一寸《ちょっと》した愛にそむく行為によって」と言っている。

二月十一日の法語　悪評《あくひょう》は盗罪《とうざい》、嘲笑《ちょうしょう》は殺人《さつじん》

「人の悪評《あくひょう》をつたえるのは、人からその名声を奪《うば》う盗罪《とうざい》である。人を嘲笑《ちょうしょう》するのは人の尊敬の念《ねん》を殺す殺人《さつじん》である。盗《ぬす》みとは物質ばかり盗むのだと考えてはならないのである」とガードナー・ハンチング氏は言っている。人間がそのゴシップ中で人を賞《ほ》めることばかりをやっていたならば、どんなにか此《こ》の世は天国になるであろう。誌友《しゆう》

会《かい》が段々衰微《すいび》して来るのは、いつも所謂《いわゆ》る常連ばかりが集まって真理の話はもう既《すで》に言い飽《あ》きたと云《い》うので人の噂話《うわさばなし》ばかりを始めるからである。人の噂《うわさ》をするよりは神を讃《ほ》めたたえる話をせよ。

二月十二日の法語　後《うし》ろから卑怯《ひきょう》に斬《き》るな

本人のいない前で悪口《あっこう》を言うのは実に卑怯《ひきょう》な行為《こうい》である。若《も》し相手が悪いのならば本人に直言《ちょくげん》すべきである。若《も》し相手に悪がないのに虚構《きょこう》して悪口するのであれば尚《なお》一層《いっそう》卑怯である。誰も警戒《けいかい》していないのに後《うし》ろからバッサリやるのは昔から悪ざむらいの所行《しょぎょう》である。本人のいないところで悪口《あっこう》言うのは後方《こうほう》からバッサリ斬《き》るのと同じことだ。そんな行為は常に自分と神との間を遮断《しゃだん》するものなのである。そんなことは愛深き神の波長《はちょう》と合わないのである。幸福になろうとする者は人の美点《びてん》を賞《ほ》めることから始めよ。

二月十三日の法語　自己の不運をかこつな

不深切《ふしんせつ》、残忍《ざんにん》、卑怯《ひきょう》、殺人《さつじん》、盗罪《とうざい》――そのようなことは神の愛にそむくのである。神は愛であるから、神の愛にそむく一切《いっさい》の行為《こうい》は神と波長《はちょう》が合わぬのである。吾々《われわれ》が人の悪を決して言わぬことに決心し、それを実行したときに屹度《きっと》その人は運が向くのである。更《さら》に自分の不運をかこたぬことにしたら一層《いっそう》運が向くだろう。他人の不運(悪口《あっこう》)を呟《つぶや》くのも、どちらも神の子をけがす罪《つみ》なのである。キリストはすべての罪は赦《ゆる》されるけれども聖霊《せいれい》をけがす罪は赦《ゆる》されないと言っている。聖霊の出生《しゅっしょう》である人間の悪口を言ってはならぬ。

二月十四日の法語　他人に対して寛大《かんだい》なれ

他に寛大《かんだい》なるものは、神からも寛大に取扱《とりあつか》われるであろう。其処《そこ》に「善人《ぜんにん》なおも人を審判《さば》く者は法則によって審判《さば》かれるのである。人を赦《ゆる》すものは神からも赦《ゆる》されるのである。神につかえる道は人につかえることにあるのである。「いと小さきわが兄弟に対してなせるは我《われ》に対してなせるなり」とキリストは言っているのである。その代《かわ》りに神からの報《むく》いも人を通して与《あた》えられるのである。突如《とつじょ》として天から降《ふ》って来る訳《わけ》ではない。

二月十五日の法語　希望は悦《よろこ》びの源泉《げんせん》である

希望こそは人生の悦《よろこ》びの源泉《げんせん》である。希望のあるものは老いないのである。何故《なぜ》なら、希望は創造的《そうぞうてき》感情であるからである。希望は未来を創造する。真に未来を創造するものは希望である。希望のないものには百万円の富籤《とみくじ》が当《あた》っても、たいして有難《ありがた》くない。死にぎわに百万円貰《もら》っても有難くないのは希望がないからである。ガソリンがないのに自動車を貰《もら》っても別に有難くない。フィルムがないのに写真機を貰っても別に有難くない。希望がないからである。尤《もっと》もそれを売って何か他《ほか》のものを買おうと思う希望があるなら有難い。

二月十六日の法語　人間とは何であるか

人間は肉体ではない。肉体は人間の肉体である。それなら人間とは何であるか、人間とは生命である。「生きる力」であり、「愛する力」であり、「思考する力」である。肉体は「生きる力」が想念《そうねん》の活動を組み合わせて創造《つく》ったところの産物《さんぶつ》である。本当の人間は、その想念し考えるところの本体《ほんたい》なのである。吾々《われわれ》が「悪」を想念することは、吾々《われわれ》自身が「悪」に成ることである。想念とは生命の波《なみ》であり、生命そのものが想念することによって「想念するところのもの」になるのである。

二月十七日の法語　自己自身を善たらしめよ

吾々《われわれ》が「善」を思えば、吾々《われわれ》自身が「善」そのものになるものである。吾々《われわれ》が破《は》壊《かい》を思えば破壊が発生し、戦争を想《おも》えば戦争が発生する。戦争の最初の責任者は先《ま》ず想念《そうねん》である。常に「善」を以《も》って自己の心を満《み》たすべし、然《しか》らば汝《なんじ》は健康とならん。神は「善」であり、「美」であり、健康なる「生命」である。しかもその「善」と「美」と健康なる「生命」とは神の切《き》り離《はな》された断片《だんぺん》ではなく、神そのものの三つの面であるから、「善」がそこに実現すれば、「美」も「健康」も実現するのである。

二月十八日の法語　繁栄《はんえい》の根源《こんげん》は人類に幸福を与《あた》えるにある

幸福も繁栄《はんえい》も同様《どうよう》に神の他の二つの面である。「悪」を犯して幸福になろうとしても幸福は来《きた》らないのである。「悪」を犯して繁栄しようと思っても、一時《いちじ》は栄《さか》えるように見えても結局は栄えることは出来ないのである。鼠小僧《ねずみこぞう》も石川五右衛門《いしかわごえもん》も百万長者《ちょうじゃ》になることは出来ないのである。況《いわ》んや億万長者になった盗賊《とうぞく》は一人もない。しかしロックフェラーも、ヘンリー・フォードも億万長者になり得たのは、彼が人類に必要なものを出来るだけ広く与《あた》えたからである。一方は鉱油《こうゆ》を、一方は自動車を出来るだけ安く。

二月十九日の法語　無意識の心的影響《しんてきえいきょう》

吾々《われわれ》の人々に与《あた》うる影響《えいきょう》は、意識的に与うる影響よりも、無意識的に与えている影響の方が強いのである。意識的に相手に好《よ》き影響を与えようとして一所懸命《いっしょけんめい》相手に深切丁寧《しんせつていねい》をつくしても、心の中に反感や、嫌悪《けんお》の念《ねん》や、けむたがるような感じをもっている限りは、相手は決してこちらに対して好感をもってくれるものではないのである。世間《せけん》によくある姑《しゅうとめ》を恐《おそ》れつつ、しかも形の上では丁寧慇懃《いんぎん》をきわめながらも、却《かえ》ってギコチない感じを姑にあたえて、姑からいじめられている嫁《よめ》の如《ごと》きはそれである。

二月二十日の法語　子供は無意識の中で教育される

無意識の心的影響《しんてきえいきょう》は、親が子供に対して教育する場合には特に著《いちじる》しくあらわれる。母親が姑《しゅうとめ》に対して物言うまいと決心したりしていると、時として物言わぬ白痴《はくち》の子供が出来たりすることがある。親が人々に対して好悪《こうお》の感を著《いちじる》しく抱《いだ》いていると子供が食物《しょくもつ》に対して好《す》き嫌《きら》いをするようになったりする。親がうちの子は間違《まちが》いないと信じていると間違いのない子供になる。うちの子供は虚弱《きょじゃく》であると信じていると、実際虚弱になってしまう。しかし信ずると云《い》うことは捨てて置《お》くことではない。信じて好《よ》き機会を与《あた》えることである。

二月二十一日の法語　悪と云《い》うものはない

世の中に絶対悪と云《い》うものはない。悪い様《よう》に見えてもそれは必ず善《よ》くなるものである。首《くび》になったら、屹度《きっと》なお一層《いっそう》よい位置があたえられるか、尚《なお》一層よい儲《もう》けが得られるものである。そう信じて、その与《あた》えられた立場、境遇《きょうぐう》による一切《いっさい》を悦《よろこ》び受けて、感謝しながら全力を尽《つく》すときそうなるのである。しかしそう信じない者が可哀相《かわいそう》である。私《わたくし》は盗難《とうなん》にかかって、貯蓄《ちょちく》して資金をためてから光明《こうみょう》思想を弘《ひろ》めようと思っていた愚《おろか》さをさとって、今直《す》ぐ光明思想をひろめ出したので生長の家が大きくなったのである。

二月二十二日の法語　すべては神の導《みちび》きである

どんな事でも神の導《みちび》きだと思えば感謝出来るのである。人間知恵《ちえ》で突進《とっしん》している場合、それの方向転換《てんかん》が必要であっても、人間知恵ではわからぬ。そんな時、思わぬ事件が起《おこ》って、その方向転換させて下さるのが神の導きである。何よりも大切なのは常に神を信ずること、神に祈ることである。どんな紛糾《ふんきゅう》した複雑な問題でも神によって解決せられないと云《い》うことはない。人間の知恵に於《お》いては全部の人を幸福にすることは迚《とて》も出来ない、誰かを犠牲《ぎせい》にしなければならぬ時でも、神は全部の人を幸福に出来るのである。

二月二十三日の法語　神の祝福《しゅくふく》は又《また》別の処《ところ》から入《い》り来《きた》る

他に恩恵《おんけい》を施《ほどこ》しても、その相手その人から恩返しを期待してはならぬ。恩を受けねばならぬような人は、福田《ふくでん》がまだ乏《とぼ》しいから人の世話にならねばならぬのであるから、そう急に恩返しの出来る訳《わけ》ではない。しかし宇宙は一体であるから、与《あた》えた相手から直接返礼が来なくとも、他から必ず返礼が来るのである。必ずしも出したところから、入《い》れなければならぬと云《い》うことがないのは、人間の肛門《こうもん》と同じことである。出すところで出してさえ置けば、入《はい》るところから却《かえ》って美味《おい》しいものが入って来るのである。

二月二十四日の法語　心の波長《はちょう》を合わせるのは人間の役目

「先《ま》ず神の国と神の国の義《ただしき》とを求めよ、その余《よ》のものは汝等《なんじら》に加えらるべし」とイエスは言った。このことは何時《いつ》までたっても真実である。世間普通《せけんふつう》の人は、物質のことは肉体人間の努力で得て、魂《たましい》の救われのことだけを、神様にゆだねたら好《よ》いように思っているが、実は却《かえ》ってそのアベコベが真実である。実は心の世界のことは人間が神に波長《はちょう》を合わせなければならないのである。心の波長を合わせる精神上のことは人間自身が努力をして、あとは神が自然の理で実現し給《たま》うのである。自分の心が何処《どこ》に立っているか先《ま》ず省《かえり》みよ。

二月二十五日の法語　人のためになる事が富《とみ》の本源《ほんげん》

金《かね》は自分が儲《もう》けるから得られるのだと普通《ふつう》考えられているのであるが、儲《もう》けるとは一体どう云《い》うことか。それを何処《どこ》からか横取《よこど》りして来ると云《い》う意味であるならば、それは寧《むし》ろ搾取《さくしゅ》である。ところが、真実はお金と云《い》うものは何か人のためになることを尽《つく》したその報《むく》いとして、自然に自分に廻《まわ》って来るのである。人のためになることを余計すればするほど、その人にお金は一層《いっそう》多く廻《まわ》って来る。そしてそれは普通、種子《たね》を蒔《ま》くようなもので、与《あた》えたよりも余程《よほど》多く与えられることになるのである。

二月二十六日の法語　広告はサービスである

広告をよくすれば品物が売れると云《い》うのは、広告は一種のサービスであるからである。若《も》し広告が出なければ何処《どこ》にどう云《い》う品物を売っているか気がつかないので、人間は無駄《むだ》に処々方々《しょしょほうぼう》を尋《たず》ねまわって所要《しょよう》の品を探《さが》さねばならない。その苦労を少なくしてやる働きが広告なのである。広告を自己宣伝の利己主義的なものだと思っている人は、広告しても下手《へた》に広告するだろうし、人もそんな広告を見て心をひかれはしないのである。お客様のためと思ってする広告こそ人を魅《ひ》きつける力がある。

二月二十七日の法語　自分を見苦《みぐる》しく広告してはならない

吾々《われわれ》の生活は一言一行《いちげんいっこう》が広告である。それは「此処《ここ》にこんな人間がいる」と云《い》うことを広告して歩いているのだからである。怒《おこ》りっぽい人は「此処《ここ》にこんな怒りっぽい下《くだ》らない人間がいる」と広告しているのだし、ニコニコした人は「此処《ここ》にこんなニコニコした人がいる」と広告しているのである。膨《ふく》れっ面《つら》は、不平な人を広告しているし、泣き面《つら》は悲しい心持《こころもち》を広告しているのである。何のために諸君はそんなに自分の見苦《みぐる》しい面《めん》ばかりを広告してあるくのか。それは人生を見苦しくし、諸君自身の値《ね》打《う》ちを下げる。

二月二十八日の法語　自分の心持《こころもち》は周囲に影響《えいきょう》する

人の一挙一動《いっきょいちどう》は無論《むろん》のこと、その心持《こころもち》は必ず周囲に影響《えいきょう》を与《あた》えるものである。社員を充分《じゅうぶん》働かせるのも、働くのが興味がなくなって怠《なま》けるのも、社長または上役《うわやく》の一つの励《はげ》ましの言葉や、冷酷《れいこく》な尊大《そんだい》ぶりなどによって、それが変《かわ》って来る。やさしい言葉、やさしい態度、それがどんなに周囲に影響するか。私《わたくし》に議論を吹《ふ》きかけようとして演壇《えんだん》近くやって来た聴衆《ちょうしゅう》が私が演壇に立ってただ「皆様《みなさま》ありがとうございます」とお辞儀《じぎ》をしただけで理屈《りくつ》がなくなり、生長の家が好きになった人もある。

二月二十九日の法語　神から功徳《くどく》を得るには神の法則に従わねばならぬ

電気の働きによって、電燈《でんとう》を得、電熱を得るためには、吾等《われら》は電気の法則に従わねばならぬ。神の働きによって色々の功徳《くどく》を得る為《ため》には、吾々《われわれ》は神の法則に従わねばならぬ。神の法則とは、「与《あた》える通り与えられる」と云《い》うことである。若《も》し与えられなかったら祝《しゅく》すべきである。それはなお天の倉《くら》に蓄《たくわ》えられて増殖《ぞうしょく》しつつあるのだからである。その報《むく》いが遅《おそ》ければ遅《おそ》い程《ほど》それは複利《ふくり》計算で神様から利子《りし》がつけられるであろう。一方に与えて置いたら、軈《やが》て予想もしない他のところから無限の供給がやって来ると云《い》うことである。

三月の法語　神は愛なり

三月一日の法語　今、目前《もくぜん》の仕事にサービスせよ

若《も》し諸君に職業が見つからぬならば、金《かね》を得る仕事だけを職業だと思うな。諸君の前に偶然《ぐうぜん》あるところの何の仕事にでも（便所掃除《べんじょそうじ》でも、カド掃《は》きでも、障子硝子《しょうじガラス》拭《ふ》きでも）報《むく》いを求めることなしに奉仕《ほうし》せよ。これが無条件に与《あた》えると云《い》うことである。やがて其処《そこ》から諸君に最も必要にして適切なる仕事を得る緒《いとぐち》が得られるであろう。神は決してケチではないのである。人間が与えることにケチなのである。そして入口をひらかないものだから神の恵《めぐ》みが流入《りゅうにゅう》しないのである。

三月二日の法語　自己の使命感《しめいかん》を生《い》かせ

或《あ》る有名な音楽家のところへ一人の娘《むすめ》がたずねて来て、どうしたら自分は早くラジオに出られるようになりますか。オペラのシンガーになることが出来ますかとたずね

た。その有名な音楽家は答えた。「どんな天才でもそのような気持で天才を伸《の》ばすことは出来ません。歌手が歌手として成功するためにはどんな苦労をしてでも歌を立派に歌いたいと云《い》うような一念《いちねん》にならねばなりません。かくて其《そ》の一念不動の決意によって音楽が自分自身をさえも魅《み》するような上手《じょうず》さに達した時他の人々をも魅《み》することが出来るのである」と。

三月三日の法語　使命感《しめいかん》と天分《てんぶん》を目的とせよ

名声《めいせい》や金儲《かねもう》けを目的にしているのは本道《ほんみち》ではない。それは天分《てんぶん》のない証拠《しょうこ》だと言えるのである。私《わたくし》が早稲田《わせだ》の文科にいたとき、その文科が甲《こう》クラス乙《おつ》クラスとに分かれて、乙クラスは専門に文学のみを修業して中等《ちゅうとう》学校の英語教師たる資格を抛棄《ほうき》する。甲クラスは若《も》し文学で飯《めし》が食《く》えねば英語教師に無試験検定でなれる資格を保留《ほりゅう》することにしたのである。その時、乙クラスにみずから進んで入学した者は僅《わず》か数名だつたが、彼らは文壇《ぶんだん》でとも角《かく》有名人になった。西条八十《さいじょうやそ》、木村毅《きむらき》、細田民樹《ほそだたみき》、細田《ほそだ》源吉《げんきち》、鷲尾雨工《わしおうこう》……等々《とうとう》。

三月四日の法語　成功の秘訣《ひけつ》はサービスに在《あ》り

特殊《とくしゅ》の使命感《しめいかん》をもたないで、しかも世の中に出て成功したい者は、とも角《かく》、自分が出来るだけ多くの人々に為《ため》になる働きをしようと決意し、その方向に向かって勉強し、その方法を考え、工夫《くふう》をめぐらし、その間《かん》に神にいのり、いのりつつ工夫し、勉強し、神よりの叡智《えいち》の流入《りゅうにゅう》を受け、百万人に為《ため》になる着想を実際に応用することである。百万人に為になる仕事がなければ先《ま》ず一人の為になる事から始めよ。不平を言うこと勿《なか》れ。感謝しつつ、報恩《ほうおん》の気持で自己の能力を捧《ささ》げよ。其処《そこ》から道がひらかれる。

三月五日の法語　人間は環境《かんきょう》にも遺伝《いでん》にも支配されない

人間は環境《かんきょう》に支配されると言うが、真の環境は自分自身の想念《そうねん》である。人間は自己選択《せんたく》の自由を与《あた》えられているのであって、如何《いか》なる環境からでも、自分の想念によって其《そ》の波長《はちょう》に合うものだけを吸収《きゅうしゅう》するのである。縦《たて》には無限の遺伝《いでん》の中から、自分の想念に合うものだけを選んで表現するのである。人間の遺伝を遡《さかのぼ》れば神に達するのであるから、吾《われ》らは中間《ちゅうかん》の遺伝を無視して、神に波長を合わせさえしたら、神の完全さが今此処《ここ》に実現するのである。神に波長を合わすのが神想観《しんそうかん》である。

三月六日の法語　一事《いちじ》を見て万事《ばんじ》を判断してはならぬ

霊的《れいてき》の事物《じぶつ》は霊的に理解してのみ其《そ》の真実意《しんじつい》を汲《く》みとることが出来るのである。だから自分が霊的に発達した程度に随《したが》って、聖書《せいしょ》でも仏典《ぶってん》でも本当に理解することが出来るのである。生長の家の教えも同じことである。群盲象《ぐんもうぞう》を評《ひょう》するような調子で、色々に理解したり批評《ひひょう》したりしているけれども、象には耳もあり、牙《きば》もあり、脚《あし》もあり、胴体《どうたい》もある。牙に触《ふ》れたものは猛獣《もうじゅう》だと思うかも知れないが、実は至極《しごく》おとなしい動物であり、その象牙《ぞうげ》も彫刻《ちょうこく》すれば素晴《すば》らしい価値が出て来る。

三月七日の法語　人の病気を治すには

人の病《やま》いを心で治そうと思ったならば、その病気を見てはならないのである。此処《ここ》に治療《ちりょう》を要する病人があるなどと思ってはならないのである。観《み》たとおりに現れるのが心の法則であるから、吾々《われわれ》が心で彼を病《や》めりと観《み》るならば、彼は依然《いぜん》として病いの状態でつづくであろう。病気の存在を信ぜず、又《また》見ざるところの人のみが病気を消《しょう》滅《めっ》することが出来るのである。何処《どこ》にも神のつくらない病気などは存在しないのであり、そんな病気に罹《かか》っている人も存在しないのであると見なければならぬ。

三月八日の法語　行き詰《づま》った時にはこうせよ

何事《なにごと》にでも行き詰《づま》ったならば、その仕事を行き詰ったときの焦燥《しょうそう》の感じで続けてはならないのである。しずかに眼《め》をつぶって、「宇宙の本源《ほんげん》」に帰ることである。言《い》い換《か》えれば、「神はすべてであり、神は調和であり、完全であるから、不調和な出来事は決して存在しないのである。この見せかけの不調和は太陽の前の雲霧《うんむ》のように、もう間《ま》もなく晴れるのである。心配はいらぬ」と数回思念《しねん》して心を整《ととの》えてから仕事を始めるのが好《よ》いのである。紛失物《ふんしつぶつ》をさがす時にも心を整えてから探すが好《よ》い。

三月九日の法語　欠点を見つけるのは愛ではない

欠点を見つけるのはその人を真に愛していないからである。愛は欠点を見ないでその奥《おく》にある神性《しんせい》を観《み》、実相《じっそう》を観《み》る。愛するほど強力なものはないのである。私《わたくし》が宇《う》部《べ》で講習会をしたときに夫婦仲の悪い婦人に「仲をよくしたら好《よ》い」「既《すで》に仲好《よ》いと思えば好い」と話した。それは智慧《ちえ》の働きである。ところが吉田國太郎《よしだくにたろう》講師が光明《こうみょう》講座のときに「仲が悪いのは愛しないからである。愛すれば仲がよくなるのである」と話した。その婦人は良人《おっと》を愛し始めて幸福になったと云《い》うのである。

三月十日の法語　なろうと努力するより既《すで》によしと信ぜよ

其《そ》の婦人は今まで「仲好《よ》くしよう」と努力したけれども仲好《よ》くなれなかった。それは意志の努力であった。彼女は「仲悪《わる》し」を心の中で思い浮《う》かべ、「仲好くなろう」と努力したから仲好くなれなかったのである。また「愛されたい」と求める心でいるばかりで、積極的に愛しようと努力しなかったから仲好くなれなかったのである。愛せよ、与《あた》えよ、与えるのが愛である。無条件に与えよ、無条件に与え切るとき、自分が愛されるようになるのである。愛とは与えることである。放《はな》つことである。

三月十一日の法語　相手のためになることを実践《じっせん》せよ

愛は感情である。美しいものを愛し、醜《みにく》いものを憎《にく》む。美しいものに快美《かいび》の感を感じ、醜《みにく》いものに不快の感じを感ずる。これは当然のことである。しかし醜きものを愛するにはどうしたら好《よ》いか。ニイルは愛とは感情ではない、意志の力であると解した。いかに醜くとも、彼を愛することが出来るのは、「意志の努力によって、相手のためになることを実践《じっせん》することが愛である」としたのである。しかしそれでは感情は不快そのままに続くのである。真の愛とは醜く見えても彼の本質は美しいと知ることである。

三月十二日の法語　愛されたいのは愛している証拠《しょうこ》

その婦人が、良人《おっと》から「愛されたい」と願ったのは、既《すで》にその婦人が良人《おっと》を愛していた証拠《しょうこ》である。人は愛していない相手から愛されようなどとは思わぬ。かりに癩《らい》病患者《びょうかんじゃ》があってそれが醜《みにく》くて到底《とうてい》こちらが彼を愛し得ぬ場合、吾々《われわれ》はその癩病患者から愛されてつきまとわれたら恐《おそ》らく迷惑《めいわく》を感ずるばかりであろう。すなわち、こちらが愛していない相手からは愛されたくはないからである。彼から愛されたいと思うのは既《すで》に自分が彼を愛しているからである。「自分は彼を愛している」と気がつく事が第一である。

三月十三日の法語　現象《げんしょう》を見ず実相《じっそう》の完全を観《み》よ

何故《なぜ》、光明皇后《こうみょうこうごう》が癩病患者《らいびょうかんじゃ》を愛したまうたように、その膿血《のうけつ》ながれる背中に接吻《せっぷん》されたように、醜《みにく》くあらわれている人々をも吾《われ》らは愛することが出来ないか。それは現象《げんしょう》を見るからである。現象を見れば膿血《のうけつ》はきたない、膿血を愛することは出来ない。膿血を愛すれば膿血は増加するばかりである。膿血の奥《おく》にある光明《こうみょう》かがやく生命を観《み》ることである。そのとき膿血は消えさり、光明輝《かがや》く実相《じっそう》があらわれる。人間の現象の欠点を見ず、現象なしと知ってのみその人間の神性《しんせい》を本当に愛することが出来るのである。

三月十四日の法語　智慧《ちえ》は愛に先行《せんこう》する

完全なる神、その創造《そうぞう》の完全さ、その創造されたる人間の完全さ、その創造されたる世界の完全さ、それを先《ま》ず信ぜよ。現象《げんしょう》の世界が、人間が、如何《いか》に醜《みにく》くあらわれていようとも、現象なしとたち切れ。先《ま》ず汝《なんじ》の心のうちに「完全なる世界」と「完全なる人間」とを確立《かくりつ》せよ。それは智慧《ちえ》の働きである。この場合、智慧《ちえ》は愛に先行《せんこう》する。智慧が真に相手の「完全さ」を確認し得たときにのみ、感情としての愛が湧《わ》き出て来るのである。それまでは意志の努力によって嫌悪《けんお》を克服《こくふく》しながら唯愛行《ただあいぎょう》を努力するだけである。

三月十五日の法語　神がすべてなりと観《かん》ぜよ

毎日毎日神想観《しんそうかん》を行《ぎょう》じ、神がすべてであり、神と、神の創造《そうぞう》せられたる世界と人間との完全にして美しく妙《たえ》なることを念想《ねんそう》せよ。その念想を継続《けいぞく》しているうちに、真に「神がすべて」であり、一切《いっさい》の不完全なるもの、不調和なるもの、醜《みにく》きもの、病気、反感、災難などは存在しないものであると云《い》う確信が自分の潜在意識の奥底《おくそこ》までも湧《わ》き起《おこ》って来るのである。その時次第《しだい》に（時としては忽然《こつねん》）その人の周囲は光明《こうみょう》が輝《かがや》きはじめ、健康は回復し、すべての人は自分に好意を示しはじめるのである。

三月十六日の法語　愛は繁昌《はんじょう》の基《もとい》である

愛はすべての繁昌《はんじょう》の基《もとい》である。愛は人をひきつける磁力《じりょく》である。愛のある店には人がひきつけられる。愛のある食卓《しょくたく》は美味《びみ》に満《み》たされる。愛のために調理される食《しょく》物《もつ》は同じ成分であっても、それが人生健康に保持する力は強いのである。愛によって育てられる子供は健康に育つ、けれども愛とは執着《しゅうちゃく》することではない。愛は相手の神性《しんせい》を拝《おが》むのである。愛は相手を弱き者としていたわることではないのである。相手を完全なものとして、其《そ》のまま放《はな》つのである。信と敬と解放とである。

三月十七日の法語　人間は無限力《むげんりょく》

人間は無限力《むげんりょく》であるから疲《つか》れることはないのである。こう信じておれば疲労《ひろう》は少なくて済《す》む。大抵《たいてい》の人間は本当は疲れてもいないのに疲れたと信じ、働き過ぎたと信じ、その信念《しんねん》によって、普通《ふつう》あるよりも一層《いっそう》疲れているのである。人間は物質面から見れば有限であるから、その有限面に無限力の内容から精力《せいりょく》が補給せられる中間《ちゅうかん》、一時《いちじ》働く力が減退したように現れる事もあるが、それは一時的《いちじてき》である。井戸の水をかえれば一時水量が減ったように見えるが一層清《きよ》らかな水が湧《わ》き出るようなものだ。

三月十八日の法語　人間が疲《つか》れないためには

自己催眠《さいみん》、自己暗示《あんじ》で自分を疲労《ひろう》せしめて自分を病気にするのは愚《おろ》かな事である。疲《つか》れたと思ったときには、しばらく眼《め》を瞑《と》じ、「神は無限力《むげんりょく》であり、自分は神の子である。今神の無限力が滾々《こんこん》と流れ入って、自分は無限の精力《せいりょく》を回復しつつある」と数回念《ねん》ずれば、その疲労は須臾《しばらく》のうちに回復するものである。また仕事をする場合、自分の力で仕事をすると思わないで、「神が自分を通して仕事をしたまうのであるから決して疲れることはない」と数回念じてから仕事をすれば疲れない。

三月十九日の法語　生命の純粋波動《じゅんすいはどう》を現せ

肉体は念波《ねんぱ》の振動《しんどう》が物質化して姿をあらわしたものである。その姿の奥《おく》に生命の純粋波動《じゅんすいはどう》があるのである。生命の純粋波動のみがあらわれたら健康になるほかはないのであるがその表面に自己の空想的な念波及《およ》び、他より波及《はきゅう》されたる不健全な念波が、満月の上にかかった雲のように蔽《おお》って、其処《そこ》に不健全な姿をあらわすのである。生命の純粋波動の世界には病気もなければ、疲労《ひろう》もない。自己の空想的念波と云《い》うのは、本来あり得ない不完全な姿を空想した念波であるから斯《か》く称《しょう》するのである。

三月二十日の法語　神想観《しんそうかん》と感謝《かんしゃ》行《ぎょう》

心を「不完全の念波《ねんぱ》」(迷《まよ》い、又《また》は病念《びょうねん》)から解放するには、言葉の力、思念《しねん》の力によって、不完全の、反対の念波を打消《うちけ》すことが必要なのである。神想観《しんそうかん》により、神のみ実在であり、実在するものは悉《ことごと》く完全であり、人間は神の子であるから、完全であるほかはないと云《い》う念《ねん》を強力に、精神集中的に起こすことは「不完全な念波」を消散《しょうさん》又は撃退《げきたい》するのに非常に有効な方法であるのである。更《さら》に有効な方法は、「既《すで》に完全なる状態がある」と観《かん》じ、常住《じょうじゅう》それを感謝する念を起こすことである。

三月二十一日の法語　人間を物質だと思うな

人間を物質だと思っている――その信念《しんねん》の程度に随《したが》って人間は物質の法則に支配され易《やす》くなり、物質と同様《どうよう》に疲労《ひろう》と消耗《しょうこう》と老衰《ろうすい》と病気とに曝《さら》されるのである。物質は大生命より発した波動《はどう》のうちでも最も粗雑《そざつ》低級な波動であるから、霊《れい》の無限、無《む》消耗性《しょうこうせい》をあらわすことは出来ないのである。人間を物質だと観《かん》ずる念波《ねんぱ》は、自分の生命にこの粗雑低級な消耗性を引寄《ひきよ》せることになるから、自分自身を消耗性の姿にあらわすことになり、それだけ自分自身を不健康にあらわすことになるのである。

三月二十二日の法語　わが内《うち》に宿《やど》る神

「マタイ伝」第六章六には「なんじは祈るとき、己《おの》が部屋にいり、戸を閉《と》じて、隠《かく》れたるに在《いま》す汝《なんじ》の父に祈れ」とイエスが教えている。必ずしも自分だけ独占《どくせん》の密室《みっしつ》で祈れと云《い》う意味ではない。若《も》しそうならば一室に数人同居する引揚者《ひきあげしゃ》などは祈ることは出来ないのである。「己《おの》が部屋にいる」とは自分の心の中に深く沈潜《ちんせん》することである。すると自分の内《うち》に「隠れたるに在《いま》す汝《なんじ》の父」がい給《たま》うのである。神を外《そと》に見ている間は本当のお蔭《かげ》は得られないのである。わが内よりこそ無限の生命も無限の供給も得られるのである。

三月二十三日の法語　人の罪《つみ》をゆるせ

病気は罪《つみ》の現れであるとイエスは見ている。其《そ》の証拠《しょうこ》に彼は「汝《なんじ》の罪ゆるされたり」と言って人の病気を治しているのである。そこで病気が治る為《ため》には罪が釈《ゆる》されると云《い》うことが必要である。ところが如何《いか》にしたら罪がゆるされるかと云《い》うと、イエスは「汝等《なんじら》もし人の過失《あやまち》を免《ゆる》さば、汝《なんじ》らの天の父も汝《なんじ》らを免《ゆる》し給《たま》わん」（「マタイ伝」第六章一四）と言っている。人の過失《あやまち》を見る心（過失《あやまち》は本来無《む》であるから）そのものが実相《じっそう》の隠蔽《いんぺい》（包《つつ》ミ――罪《つみ》）であるから、人の過失《あやまち》を見ず、その奥《おく》に輝《かがや》く彼の神性《しんせい》を観《み》るとき罪がなくなるのである。

三月二十四日の法語　神の愛の霊波《れいは》を受けるには

神が吾々《われわれ》に働きたまうのは自己「内在《ないざい》の神」の波長《はちょう》を通してである。ラジオの放送が吾々《われわれ》に働くのはラジオセット内在の波長が放送の波長に合《がっ》するが如《ごと》くである。だから人を愛したまう神の念波《ねんぱ》は、人間が「愛」の念波を起こしたときのみに受け得るのである。人を憎《にく》み、人に害を与《あた》えようと云《い》う念波を起こしながら、神の恵《めぐ》みの霊波《れいは》を受けることが出来ると考えるのは、波長の異《こと》なるところへバリコンを廻《まわ》して置《お》いて、放送の波《なみ》を受信しようと思うようなものである。汝《なんじ》ら互《たが》いに相愛《あいあい》せよ。

三月二十五日の法語　徒《いたず》らに祈りを反覆《はんぷく》するな

イエスは「祈るとき、徒《いたず》らに言《ことば》を反覆《はんぷく》すな。彼らは言《ことば》多きによりて聴《き》かれんと思うなり」と教えている。これは言《ことば》を反覆《はんぷく》していけないと云《い》う意味ではない。「徒《いたず》らに反覆」しては役に立たぬのである。言葉多く執濃《しつこ》くからみつくように懇請《こんせい》するから神がききたまうと思うのは間違《まちが》いである。念仏《ねんぶつ》三万遍《べん》でも好《よ》いし、臨終《りんじゅう》の一念仏でも好《よ》い。ただ言葉多きがゆえにきかれると思うのは、言葉少なければきかれぬと云《い》う恐怖心《きょうふしん》が内在《ないざい》する現れとも言える。思念《しねん》の言葉を反覆するのは、自分の心の波長《はちょう》を調整《ちょうせい》する為《ため》である。

三月二十六日の法語　神と波長《はちょう》を合わすには

「神の国は汝《なんじ》の内《うち》にあり」とイエスの言った如《ごと》く、わが祈りの密室《みっしつ》は自己の内にあるのである。この至聖所《しせいじょ》に吾々《われわれ》が入《はい》るならば、どれだけでも無尽蔵《むじんぞう》の豊富な生命、智慧《ちえ》、愛の供給があるのである。しかしこの至聖所《しせいじょ》に入るにはすべての憎《にく》み、怒《いか》り、怨《うら》み、呪《のろ》い、悲しみ、悩《なや》みの非存在《ニセモノ》を排除《とりのぞ》かなければならないのである。そして先《ま》ず神を愛することである。隣人《りんじん》を愛することである。愛なくして、欲ばっていて、自分の祈りが神に通じないと言っても、波長《はちょう》が合わぬから仕方《しかた》がない。

三月二十七日の法語　心の眼《め》をひらいて実相《じっそう》を見よ

「身《み》の燈火《ともしび》は目なり。汝《なんじ》の目ただしくば、全身あかるからん」（「マタイ伝」第六章二二）とイエスは言っている。これは肉体の眼《め》ではなく、心の眼、「内《うち》の光」である。心の眼をもって自己内部の実相《じっそう》円満なることを照らし出《い》だせば全身は明るくなり、健康となるのである。全身が健康になるばかりでなく環境《かんきょう》・境遇《きょうぐう》が調和し、豊かなる供給が集まり来《きた》るのである。だから心の眼をひらいて「神の国と神の国の義《ただしき》とを求めよ。然《しか》らば凡《すべ》てこれらの物は汝《なんじ》らに加えらるべし」と教え給《たま》うたのである。

三月二十八日の法語　内在《ないざい》の神性《しんせい》に委《まか》せ切れ

イエスは凡《あら》ゆるものを、自己の健康も、供給も、ただ神に全面的にまかせ切ったとき完全になると云《い》うことを説いたのである。「明日《あす》のことを思い煩《わずら》うな、明日は明日みずから思い煩《わずら》わん。一日の苦労は一日にて足《た》れり」。「野の百合《ゆり》は如何《いか》にして育つかを思え」。ここに内在《ないざい》の神性《しんせい》に対する完全な信頼《しんらい》がある。内在の神にまかせ切るとき、労《ろう》せず、思い煩わずして自然の導《みちび》きが、「内《うち》」と「外《そと》」とから起《おこ》るのである。この「導き」に従うとき、自然に健康はよくなり、運命は好転する。

三月二十九日の法語　平和なる眠《ねむ》りを得るには

吾々《われわれ》は原因結果の法則の中に生きているのである。その原因は他から来るのではなく、自分から来るのである。吾々《われわれ》が人々を愛すれば人々から吾々《われわれ》は愛されるのである。人々に与《あた》えれば人々から与えられるのである。吾々《われわれ》が人々を賞讃《しょうさん》すれば人々から賞讃されるのである。愛は愛を呼び、憎《にく》みは憎みを呼ぶ。奪《うば》うものは奪われ、殺す者は殺される。眠《ねむ》るときに愛念《あいねん》を起こして眠れ、感謝の念《ねん》を起こして眠れ、平和の念を起こして眠れ、明日《あす》の事を神にまかせて眠れ。決して争いや、心配の心で眠るな。

三月三十日の法語　愛の展開が天国である

吾々《われわれ》は原因結果の法則の中に生活しているのであるから、その法則から免《まぬが》れることは出来ないのである。「主《しゅ》よ主《しゅ》よ」と呼んでも神の心（即《すなわ》ち愛）を行《ぎょう》じないものは天国に入《い》ることは出来ないとキリストも言っている。「生長の家」の誌友名簿《しゅうめいぼ》に登録されていても、愛を行じない者は天国へ行く改札口を通されないのである。愛とは単に天国へ行く通行券であるばかりでなく、愛の展開が天国なのである。愛するところに天国はひらけ行き、憎《にく》み、さばくところに地獄《じごく》は現出《げんしゅつ》するのである。

三月三十一日の法語　愛するとは実相《じっそう》を信ずること

愛するとは可哀相《かわいそう》だと思うことではない。「汝《なんじ》、情《こころ》をつくし精神をつくし魂《たましい》をつくし、力をつくして神を愛せよ」と言っても、決して神を可哀相《かわいそう》だと思えと云《い》うことではない。愛するとは、相手がどんなに見えようとも、その実相《じっそう》の完全さを信じて敬《けい》することである。可哀相だと思うことは、「彼を無力者《むりょくしゃ》だと見る」即《すなわ》ち「彼を軽蔑《けいべつ》する」ことになるのである。「自己を愛せよ」と言っても自己憐愍《れんびん》することではない。自己憐愍はむしろ悪徳《あくとく》であるが、自己の実相の円満完全さを信ずる自敬《じけい》の念《ねん》こそ本当の自己愛である。

四月の法語

信仰の本質

四月一日の法語　神は慈悲《じひ》の神、愛の神

先《ま》ず神を愛の神と知ることである。次の如《ごと》く思念《しねん》せよ。「神は怒《いか》りの神、嫉妬《しっと》の神、復讐《ふくしゅう》の神、神罰《しんばつ》の神ではないのである。神は赦《ゆる》しの神、慈悲《じひ》の神、やさしさの神、包容《ほうよう》の神、じっと愛の瞳《ひとみ》をもって慈悲深く吾《われ》をみつめ給《たま》う神である。その慈愛《じあい》の前にすべてのわが悲しみも、怒りも憎《にく》みも、すべての心の塊《かたまり》が溶《と》けてしまうのである。われは神の慈悲の前にすべての心の塊は溶けて消え、わが魂《たましい》は悉《ことごと》く浄《きよ》まったのである。神がわれを赦《ゆる》し給《たま》うたごとく、すべての人々の過《あやま》ちを自分もゆるしたのである……」

四月二日の法語　神の愛と不可分《ふかぶん》一体であること

「吾《われ》は全《すべ》ての人々と、全《すべ》ての生き物と、全ての事物《じぶつ》とに対して友好関係にあるのであ

る。もう赦《ゆる》すと云《い》うことさえなくなったのである。はじめから調和し、和解し、渾《こん》然《ぜん》一体なのである」。かくの如《ごと》き心境になってこそ神の愛の波長《はちょう》と合い、真実、神の祝福《しゅくふく》の生命の流れを自己に受容《うけい》れることが出来るのである。次にかく思念《しねん》せよ。「神の愛は宇宙に満《み》ち、すべてのところに満ちわたり、われを取巻《とりま》き、われに押しせまり、われに流れ入って、それより逃《のが》れることは出来ないのである」

四月三日の法語　わが生命は神の生命の歓喜《かんき》

われに流れ入る神の生命は、いと清《きよ》く、いと美しく、いと妙《たえ》に、いとすこやかに、歓《よろこ》びに満《み》たされたるものである。神の生命の歓喜《かんき》が自分のうちに流れ入るのである。われは神の生命の歓喜そのものである。わが血液の流れは神の生命の歓喜そのものである。わが心臓《しんぞう》の鼓動《こどう》は生命の歓喜そのものである。わが肺臓《はいぞう》の呼吸は生命の歓喜そのものである。生命の歓喜はわれを満たし、われをしてすべての事物《じぶつ》を愉快《ゆかい》に勇《いさ》ましく遂行《すいこう》せしめ給《たま》うのである。わが行為《こうい》は神の生命の歓喜そのものである。

四月四日の法語　平和と調和の神

ああわれを取巻《とりま》くものは神の平和なるかな。神は平和にして調和の智慧《ちえ》なるかな。空間にかかるすべての星々が、神の調和の智慧《ちえ》に導《みちび》かれて自由でありながら、衝突《しょうとつ》する事なく、調和して平和に運行するが如《ごと》く、わが生活も神の智慧に導かれて、完全に自由でありながら、調和して運行するかな。神の調和の智慧は宇宙到《いた》る処《ところ》に充《み》ち満《み》ちてすべてのものを調和と平和に導き給《たま》うことをわれは知るがゆえに、わが行く限り、見渡《みわた》す限り、何処《どこ》にも調和満ちて不調和と云《い》うことはないのである。

四月五日の法語　神はすべてのすべて

先《ま》ずいずこにも神が霊的《れいてき》存在にして一切《いっさい》のところに充《み》ち満《み》ちてい給《たま》うことを知るこ

とが大切である。神はすべてのところに充《み》ち満《み》ちていますが故《ゆえ》に、何物《なにもの》も神の救いのそとに漏《も》れることは出来ないのである。神はすべてのものを取巻《とりま》き、すべてのものの中に流れ入り充ちわたりて、その智慧《ちえ》と愛と生命と歓喜《かんき》とを実現していたまうのである。これから実現するのではない。既《すで》に神のいます処《ところ》、それが実現しているのである。今、此処《ここ》に、而《しか》して、久遠《くおん》に、神の完全なる国はあるのである。

四月六日の法語　実相《じっそう》の完全さのみを観《み》よ

神の国の完全さを観《み》るためにこそ神想観《しんそうかん》すべきであって、神想観をしたら、こんな現実的結果が得られるから神想観をすると云《い》うのであってはならない。それは結果想観であって神想観ではないのである。結果は心の波《なみ》の投影《とうえい》であるから、純粋に神の国の完全さを観《み》ることが出来れば結局、現実世界にも其《そ》れに相応《ふさ》わしい好結果が得られるのである。結果を思わず、純粋《じゅんすい》に実相《じっそう》の完全さのみを観《かん》ずれば、ただそれだけで好《よ》いのである。実相のみ実在であるからである。

四月七日の法語　神と実相《じっそう》のみを愛せよ

祈りも、神想観《しんそうかん》も、結局は現実的御利益《ごりやく》の為《ため》のものであってはならないのである。祈りは「神」なる親様《おやさま》と、神の子との人格的交渉《こうしょう》のためのものである。父なる神と交通する為《ため》、それのみのために祈るべきであって、恵《めぐ》みは祈り方の上手下手《じょうずへた》によって来るのではない。恵みは神のみこころによって来るのである。神想観は、また実相《じっそう》の神の国の円満さを見るためのみに行えば好《よ》いのである。神よりも御利益《ごりやく》を愛するもの、実相よりも現象《げんしょう》を愛する者は神のみ心にかなわないのである。

四月八日の法語　祈りとは人格的交《まじ》わりである

祈りと云《い》うものは必ずしも結果をもとめて祈るものではないのである。祈りは

「神」と「神の子」との人格的交《まじ》わりである。神から与《あた》えられた生命であるところの「神の子」なる人格は、親なるところの神に心を転回して、神と人格的に交わる時間を持つことは是非共《ぜひとも》必要なところの行事である。それ自身が荘厳《そうごん》きわまりなき処《ところ》の行事であって、結果があるとか無いとかの問題ではなく、直接的にそれ自身が目的である。神から生《うま》れた人間にとっては、神へ生命《いのち》を転回し振《ふ》り向《む》けることは、唯嬉《ただうれ》しい行事である。

四月九日の法語　すべての物に感謝する祈り

また神はすべてのものの内《うち》にましますが故《ゆえ》に、すべてのものに感謝し、それを讃《ほ》めたたえることは偉大《いだい》なる祈りである。神に感謝しても万物《ばんぶつ》に感謝しないものは、真に全《まった》く神に感謝しているのではないのである。ただ神に対する祈りは、神の表現である「万物」に対する祈りよりも、尚一層《なおいっそう》直接的であると言い得るのである。されば吾々《われわれ》は毎日或《あ》る一定の時間は神に対して心を完全に振《ふ》り向《む》ける祈り（神想観《しんそうかん》）を行《ぎょう》じなければならぬ。それと共に神の表現である万物に感謝しなければならぬのである。

四月十日の法語　喜悦《きえつ》の祈り

神に祈るときは喜びの感情を以《も》って祈るべきである。神に対して泣きついてはならない。若《も》し、久《ひさ》し振《ぶ》りで逢《あ》った実子《じっし》が其《そ》の親に対して、自己の不幸を嘆《なげ》き訴《うった》えたならば、その親は実際好《よ》い気持がするであろうか。またかかる実子は親孝行だと云《い》えるだろうか。親に会ったとき、唯《ただ》会うだけで嬉《うれ》しい感情に満《み》たされるのが親孝行の子供ではないであろうか。神に対して泣き言を訴えるな。私《わたし》は幸福です。健康です。豊かに暮《くら》していますと言え。これが本当の親孝行の「神の子」の祈りである。

四月十一日の法語　酒は飲まぬ方が好《よ》い

祈りをする時には茶断《ちゃだ》ち塩断《しおだ》ちの如《ごと》き「断ち物」は要《い》らないのである。祈りは親に会う時であるから憔悴《しょうすい》したる如《ごと》き顔付《かおつき》をして見せるな。寧《むし》ろ神の恵《めぐ》みであるすべてのものを豊富にとり、顔を剃《そ》り、脂《あぶら》を塗《ぬ》り、髪《かみ》を梳《くしけず》って元気な顔をして祈るべきである。全《すべ》て明るい心持《こころもち》は明るい事物《じぶつ》を引寄《ひきよ》せるのである。併《しか》し酒は飲まぬ方が好《よ》い。酒を飲むと一時《いちじ》気分を明るくするが、それは麻酔剤《ますいざい》であるから一時の心の暗さを胡麻《ごま》化《か》すのであって、次が乱れて来る。生活に節度《せつど》がなくなり、節度がない事を豪傑《ごうけつ》ぶって自慢《じまん》にするようになる。

四月十二日の法語　祈りは必ず成就《じょうじゅ》する

吾々《われわれ》の祈りは必ず成就《じょうじゅ》するのである。それは間違《まちが》いなきことである。併《しか》しながらその祈りとは、数分間、神社または祭壇《さいだん》でとなえることのみが祈りではないのである。祈りと云《い》うのは生命《いのち》の宣言《のりごと》である。生命《いのち》の底深くで、念《ねん》じていること、唱《とな》えていること、呟《つぶや》いていることは悉《ことごと》くいのりである。だから、不幸を呟《つぶや》いている者は不幸が来るように祈っているのである。病気を呟《つぶや》いている者や、常に人に苦痛を訴《うった》えている者は病気や苦痛の来るように訴えているのと同じことである。

四月十三日の法語　常に感謝する祈り

常に間断《かんだん》なく善《よ》き事を考えている者のみが善《よ》き事を来る様《よう》に祈っている事になるのである。常に間断なく善き事を考えている者とは、常に今ある状態を不平に思わず、既《すで》に「実相《じっそう》の完全なる相《すがた》」があるとして感謝している者の事である。常に感謝している者は、常に善き事を祈っている事になる。併《しか》し、単に今ある状態に甘《あま》んじている者は、それ以上の状態を祈っているのではないから、其《そ》れ以上の結構《けっこう》な事物《じぶつ》は現れて来ないだろう。「実相無限の善」を今ありとして感謝する者のみが無限に改善し生長する善き事を得るのである。

四月十四日の法語　先《ま》ず真に自己が何を求めているか

先《ま》ず何を真に求めているか、自分の求めが曖昧《あいまい》であってはならない。Aの土地の仕事もしたいし、Bの土地にも帰りたいし、自分自身の要求が二個に分裂《ぶんれつ》しながらBの地に借家《しゃくや》を求めるべく祈ってもかかる祈りは成就《じょうじゅ》しない。神に求めるには真に吾《わ》が求むる事物《じぶつ》が何であるかを知らなければならない。現在意識（自分に気がついている心）が求めている物と、潜在意識（自分に気がついていない心）の求める物とが食違《くいちが》っていてはならないのである。現在意識の求めが実現しないのは潜在意識の求めが反対であるからだ。

四月十五日の法語　潜在意識を浄《きよ》めるには

日本は現在意識では勝つように祈り乍《なが》ら、潜在意識では、「靖国神社《やすくに》で会おう」というように祈っていた。又《また》みずから「水漬《みづ》く屍《かばね》」「草生《くさむ》す屍《かばね》」になる様《よう》に祈っていた。現在意識で「成功」を願い乍《なが》ら、潜在意識には「失敗して、死して靖国神社に祀《まつ》られる」様《よう》に祈っていたわけだから、その祈りは成就《じょうじゅ》して負けたのである。必ず「成功」を実現せんと欲《ほっ》するならば現在意識・潜在意識共《とも》に、「成功」を念願《ねんがん》しなければならぬ。その為《ため》には神想観《しんそうかん》して潜在意識の底までも「吾《われ》神の子なり必ず成功する」との念《ねん》を深く印象せねばならぬ。

四月十六日の法語　本性《ほんせい》に合致《がっち》する祈り

祈りが成就《じょうじゅ》しないのは、その祈りが其《そ》の人の本性《ほんせい》に合致《がっち》しない場合か、その祈りがまだ実《み》を結《むす》ぶ時期に達していない場合かである。若《も》し吾々《われわれ》が自分の本性に合致しない祈りを、たとえば「大和《だいわ》の国」なる日本が「戦力によって勝たしめ給《たま》え」と云《い》うような祈りを行うとも其《そ》の祈りは成就しないことになるのである。朝顔《あさがお》は美しき朝顔の花を咲《さ》かしめ給《たま》えとこそ祈るべきであり、梅《うめ》の樹《き》は美しき梅の花を咲かしめ給《たま》えとこそ祈るべきである。其《そ》の他の花を咲かしめ給《たま》えと祈っても成就するものではない。

四月十七日の法語　時期に適する祈り

時期に適しない祈りは成就《じょうじゅ》しないが、その祈りを持ちつづけるならば、時期が来たときになって自然成就するのである。急いではならない。寒中《かんちゅう》に朝顔《あさがお》の花を咲《さ》かしめ給《たま》えと祈るような祈りは成就しないが、温室で咲かせても貧弱《ひんじゃく》な花しか咲かないのである。何事《なにごと》も時節《じせつ》に乗ると云《い》うことが必要である。時節に乗ると云《い》うことは神のみこころに乗ると云《い》うことである。「みこころの儘《まま》に適当な時期に、適当な場所に、適当な何々を与《あた》えたまえ」と云《い》うような祈りこそ最も謙遜《けんそん》な祈りである。

四月十八日の法語　神は豊かに恵《めぐ》みたまう

神を絶対必要量の最低限度以上のものを与《あた》えたまわないような「ケチな存在者」だと思ってはならない。かく神をば「ケチな存在者」だと思うことは、ケチな存在を祈っているのであるからケチな存在しか得ることが出来ないのである。神は富士山を築《つき》山《やま》にしつらえ太平洋を其《そ》のお庭の池につくりたまうた如《ごと》き、寛大《かんだい》にして余裕《よゆう》ある豊かなる存在であらせられる。山や海さえもかく美しく豊かにつくりたまうた神が神の最高の自己実現である人間にケチな装《よそお》いしか与えたまわないと云《い》うことはないのである。

四月十九日の法語　神よりの豊かなる生活

吾々《われわれ》の豊かなる生活は、神から与《あた》えられるものでなくてはならぬ。神に対立する富《とみ》を求めてはならないのである。ただ神のみを求めたら好《よ》いのである。神の中に一切《いっさい》があるのであるから、神のみを純一無雑《じゅんいつむざつ》に求めていさえすれば豊かなる生活は自《おのずか》ら実現するのである。神のみを求めながら、若《も》しその人に豊かなる生活が実現しないならば、「豊かなる生活を送ることは神のみこころにかなわない」とか、「富《と》める者は天国へ行くことはむずかしい」とか云《い》う迷《まよ》いがその人の心の何処《どこ》かに存在するのである。

四月二十日の法語　神の愛は放《はな》つ愛である

神の愛はそのままである。人間に完全なる自由を与《あた》えたまうているのである。決して善へとのみ強制し給《たま》わないのである。愛とは相手を自由に解放することである。解放が愛である。愛は朝顔《あさがお》に朝顔の花を開かしめ、牡丹《ぼたん》に牡丹の花を開かしめ、薔薇《ばら》に薔薇の花を開かしめる。それ自身の本性《ほんせい》をのびのびと解放するのである。相手を自分につなぎとめて置《お》くのは飼犬《かいいぬ》を鎖《くさり》で縛《しば》りつけ、愛鳥《あいちょう》を籠《かご》の中に入れて置く愛である。

愛は相手の生命を自由に解放して、その生命の本然のところに行かしめるのである。

四月二十一日の法語　一面の立場から人を批評してはならぬ

若し彼が聖フランシスがしたように、また光明皇后がなし給うたように、癩病患者の膿血に接吻する事が出来なかったならば、彼の愛は乏しいのであるだろうか。人間には生れつき、又は或る習慣的な後天的な影響から、迚もそれに触れることが出来ないところの、見るだけでも憎気を顫うような相手があるものである。或る人は蚯蚓が恐ろしくて触れることが出来ない。或る人は蜘蛛が恐ろしくて触れることが出来ない。そのように或る人は到底癩病患者に触れることが出来ないのである。

四月二十二日の法語　人の心の傷を突衝くな

スター・デーリーはどんな強盗の首魁でも彼の名前を聞けば顫え上る程に、胆の据わった泥棒《どろぼう》であった。併《しか》し獄舎《ごくしゃ》の中で大衆を相手に説教《せっきょう》しようと演壇《えんだん》に立った時には、その胆《きも》の据《す》わりはどこへやら、ボーッとして周囲が見えなくなり、一語も発する事が出来ない程に恐怖心《きょうふしん》を感じたのであった。生命《いのち》の奪《うば》い合《あ》いでは恐《おそ》れないデーリーが演壇が恐ろしいのは臆病《おくびょう》のせいであろうか。時として人には到底克服《とうていこくふく》出来ない嫌《けん》悪《お》や不快や恐怖をいだく心の傷があるものである。そう云《い》う心の傷は労《いたわ》ってやるべきで攻撃《こうげき》すべきではない。

四月二十三日の法語　人間の尊厳《そんげん》

人間は神の自己実現中、最高完全なる表現である。従って人間のうちにはそれ以下の段階である凡《あら》ゆる階級の生物の状態をも自己の内《うち》に包容《ほうよう》している。無論《むろん》、「動物的状態」をも自己の内に包容している。しかし人間は其《そ》の「動物的状態」を内に包容しつつ而《しか》もそれを超《こ》えたる存在であるのである。「心」を象徴《しょうちょう》する頭部は、すべての動物に於《お》いては、地球の牽引力《けんいんりょく》（物質の表現）に引きつけられて俯向《うつむ》いて歩《あゆ》み游《およ》ぎ飛ぶのであるが、人間のみ敢然《かんぜん》と頭部を地球の牽引力の反対の方向に持上《もちあ》げた。此処《ここ》に人間の尊厳《そんげん》がある。

四月二十四日の法語　自由とは濫用《らんよう》ではない

人間の尊厳《そんげん》は、物質を自己の内《うち》に包容《ほうよう》しながら物質の奴隷《どれい》とならず、物質を超《こ》えつつ物質を支配し得る所にある。物質の法則の中にありながら、物質の法則を知ることにより、物質を超えて之《これ》を支配し得る所にある。彼が物質の奴隷となり、肉の奴隷となる程度に従って彼は「動物」的低位《ていい》の存在にまで退歩する。「動物」は本能によって機械的に動く。彼の性的生活も本能によって一定の交尾期《こうびき》のみに働く。人間は一定の交尾期がなく完全に自由選択《せんたく》にまかせられている。自由の特長は濫用《らんよう》と云《い》うことではなく自己統制《とうせい》にある。

四月二十五日の法語　人間は完全なる自由

本能によって他動的《たどうてき》に支配さるるものは機械であり動物である。蚕《かいこ》が食物《しょくもつ》の選択《せんたく》を本能によって完全に行《おこな》い、桑《くわ》の葉のみを食《しょく》して食中毒《しょくあたり》をするなどと云《い》うことのないのに、人間が食物を本能によって選択せず、自由心の選択にまかせられていて時々食中毒《しょくあたり》をするのは人間は完全なる自由を与えられていて、「善」にさえも強制せられるものでないことをあらわしている。食欲《しょくよく》をも、性欲《せいよく》をも自己統制《とうせい》し得て、過不及《かふきゅう》なく錯誤《さくご》なくこれらを最も健全に支配する処《ところ》に人間の尊厳《そんげん》がある。

四月二十六日の法語　神は法則である

神は法則である。『甘露《かんろ》の法雨《ほうう》』には「神は宇宙を貫《つらぬ》く法則」であると書かれてある。法則とは秩序性《ちつじょせい》である。秩序性は一定の規則があると云《い》うことである。生命は一定の秩序あるところにのみ出現し、秩序が破るれば生命は姿を消すのである。動物は本能によって其《そ》の秩序性を守って生活し、人間は自主的統制《とうせい》によって其《そ》の秩序性を守って健康に生活する。人間の自由とは無秩序のことではなく、自由意志と自由選択《せんたく》とによる完全なる自己統制である。孔子《こうし》の所謂《いわゆ》る「心の趣《おもむ》く所に随《したが》って矩《のり》を超《こ》えず」である。

四月二十七日の法語　霊的《れいてき》生活の基盤《きばん》としてのみ物質は存在意義《いぎ》あり

神の生命の最高完全の自己実現として出生《しゅっしょう》した人間は、動物的段階を内《うち》に含《ふく》み乍《なが》ら、それ以上に発達し、それを超《こ》えた存在であるから、動物的存在面を超克《ちょうこく》し得た程度に従ってその尊厳《そんげん》は増す。動物的な肉慾《にくよく》や食慾《しょくよく》を征服克服《せいふくこくふく》して霊的《れいてき》に精神的に高揚《こうよう》せる程度に随《したが》って其《そ》の人は一層崇高《いっそうすうこう》である。キリストや釈迦《しゃか》やソクラテスが尊敬せられるのはその為《ため》である。肉慾や食慾は人間なる生命の段階に於《お》いては霊的生活の基盤《きばん》として必要な存在であるに過ぎない。地球なる鉱物の固結体《こけったい》が植物や動物や更《さら》に人間発生の基盤である様《よう》にである。

四月二十八日の法語　信仰《しんこう》の本質は「知る」にある

神に対する信仰《しんこう》を深めるためには、神は法則であると云《い》うことを先《ま》ず知ることである。種子《しゅし》を植《う》えるにしても、それが必ず生《は》えると云《い》う信仰がないと種子を途中《とちゅう》で掘《ほ》り返《かえ》して結局芽《め》が出ないであろう。それと同じく、神を信ずると云《い》うことは、法則が先《ま》ず此《こ》の世界を支配していると云《い》うことを「知り」、法則にまかせると云《い》うことである。即《すなわ》ち「知り」て「まかせる」のが信仰であって、信ずるとは「知らないから、出《で》鱈目《たらめ》に信ずる」と云《い》うようなアヤフヤなものではないのである。信ずるとは「真に知る」ことである。

四月二十九日の法語　恐怖心《きょうふしん》を捨てること

信ずるとは知ることである。生命をもって直接に知ることである。自己の生命は神より出《い》でたるものであるから、自己の生命は実相《じっそう》に於《お》いては既《すで》に神を知っているのである。だから危急《ききゅう》のときには人間は思わず神を呼ぶのである。思わずとは「無意識」にと云《い》うことである。「無意識」とは意識がないと云《い》う意味ではない。「気がつかぬ意識」と云《い》うことである。自分の気がつかない心の奥底《おくそこ》に神を信ずる心があるのである。しかし神を呼んでも感応《かんのう》がないのは恐怖心《きょうふしん》や疑い心があるからである。

四月三十日の法語　神は法則であり偏頗《へんぱ》はない

種子《たね》を植《う》えて恐怖《きょうふ》なしに土地の力に委《ゆだ》ねることが出来るのは、法則が支配していることを知っているからである。法則の支配を信じなければ恐怖するほかはない。神は法則であり、蒔《ま》いた種子《たね》の通りの芽《め》を出さしめるのであり、例外なしにそうであるから吾々《われわれ》は恐《おそ》れる必要がないのである。罪人《つみびと》が蒔《ま》いても善人《ぜんにん》が蒔《ま》いても法則によれば同じ種子《たね》には同じ植物が生《は》えるのであるから、どんな罪人《つみびと》も、善《よ》き種子《たね》をこれから蒔《ま》けば善《よ》き植物が間違《まちが》いなく生《しょう》ずるのである。何も恐《おそ》るることはないのである。神は法則であり偏頗《へんぱ》はない。

五月の法語

神に全託《ぜんたく》する

五月一日の法語　人生の目的は魂《たましい》の向上にある

人生は魂《たましい》の向上の過程である。魂の向上とは「内在《ないざい》の完全なる実相《じっそう》」がより多く次第《しだい》に開舒《かいじょ》することである。魂の向上にはあらゆる人生の面に触《ふ》れることが必要であるのは、歯を磨《みが》くにもあらゆる角度から磨かなければならないのと同様《どうよう》である。従って吾々《われわれ》の触れる人生の面は時々変化するのは別の角度から磨かれる必要があると云《い》うことである。新しい人生の展開、新しい境遇《きょうぐう》の展開は、今ある境遇の行き詰《づ》まりから生《しょう》ずる。だから今ある境遇が行き詰まるのは新しい善《よ》き運命の先触《まえぶ》れだと信じて感謝すべきである。

五月二日の法語　愛深き峻厳《しゅんげん》が魂《たましい》の進化せる特徴《とくちょう》である

「汝《なんじ》の如《ごと》く汝《なんじ》の隣人《りんじん》を愛せよ」とは自分の実相《じっそう》を完全なる神の子であると信ずる如《ごと》く、

汝《なんじ》の隣人をも完全なる神の子であると信じて敬《けい》することである。敬のない惑溺《わくでき》は真の愛ではなくて肉慾《にくよく》の変形であったり、自己憐憫《れんびん》の投影《とうえい》であったりするのである。自己の苦痛を恐《おそ》れる者のみが、他《ひと》の苦痛に同情するのである。だから同情は、自己不完全の投影ですらある。真の魂《たましい》の生長せる者の特長は「愛深き峻厳《しゅんげん》」である。愛深くして相手の実相の完全さを知るが故《ゆえ》に猥《みだ》りに甘《あま》やかさず峻厳《しゅんげん》であるのである。

五月三日の法語　人間運命の弱小《じゃくしょう》は自己欺瞞《ぎまん》に過ぎぬ

神の子であるところの人間が、そんなに弱小《じゃくしょう》なる運命に定められていると思うのは自己欺瞞《ぎまん》に過ぎないのである。自己欺瞞を去れ、汝《なんじ》は神の子ではないか。人間は自分自身の運命を斯《か》くの如《ごと》く限ってはならないと同時に、他の人の運命も限ったり縛《しば》ったりしようと望んではならないのである。誰をも害しない、誰をも束縛《そくばく》しないで自分の伸《の》びる道があると云《い》うことを信じなければならない。自己の運命をよくするためには、悪は存在すると云《い》う人類の通念《つうねん》に縛られず、現象《げんしょう》の形に惑《まど》わされないようにせねばならぬ。

五月四日の法語　祈りの成就《じょうじゅ》には時の要素が要《い》る

祈りが成就《じょうじゅ》するには「時」の要素がいるのである。今日《きょう》、種子《たね》を蒔《ま》いたからとて明日《あす》必ず芽《め》が出ると云《い》う訳《わけ》のものではない。「時」の要素を忘れてしまって、今日の種子《たね》が明日ただちに芽が出ないからとて、種子《たね》を掘《ほ》り返《かえ》してしまうようでは駄目《だめ》である。必ず神（法則）はその種蒔《たねまき》に応《こた》えたまうと云《い》う確信が必要なのである。何事《なにごと》も急いではならないのである。時が解決して呉《く》れるのである。「果報《かほう》は寝《ね》て待て」と云《い》う言葉があるが、信じて待てば、種子《たね》を蒔《ま》いて置きさえすれば必ず発芽《はつが》するのである。

五月五日の法語　神の導《みちび》きには時間の要素がある

神のみこころに対立せる祈りは決して成就《じょうじゅ》しないのである。されば問題を常に、神のみこころの中に預《あず》けることが必要である。神は吾々《われわれ》の脳髄知《のうずいち》よりも常に一層《いっそう》よきものを知りたまうのである。神の「みこころの展開」（即《すなわ》ち神の導《みちび》き）には一段一段と階段を昇《のぼ》って行くが如《ごと》きものがあるのである。最初の頃《ころ》の階段は低くして、到底《とうてい》自分の求むるものとは同じでないと思えるけれども、それは次なる最後の階段に達するための踏段《ふみだん》となるのであるから、急いで我《が》を出して頭脳知でやると失敗《しくじ》る。

五月六日の法語　電源《でんげん》に結《むす》びついても直《す》ぐには熱くならぬ

電気鏝《こて》を温《あたた》めるのでも、スイッチを入れたからとて急に一ぺんに加熱する訳《わけ》ではない。スイッチを入れることは電源《でんげん》につながることに過ぎない。と同時に電流は流れ入って来るが鏝《こて》は必ずしもすぐ温かくはならない。鏝が温かくならないのは電流が来ないからではなく、時間の要素が足りないからだ。祈りと云《い》うことは「神」と云《い》う無限供給の電源とつながることではあるが、その電源につながっても、その瞬間《しゅんかん》に欲《ほっ》する物が出るとは限らない。鏝が温まるのを待つと同じに、祈りに於《お》いても結果が現れるまで待つ忍耐《にんたい》が必要である。

五月七日の法語　内在《ないざい》の神の道具となれ

金光教祖《こんこう》は「頼《たの》まないでもお蔭《かげ》はやってある」と言い、イエスは「みこころの天(神の国)になるが如《ごと》く地にも成《な》らせ給《たま》え」と祈った。その「天」とは「神の国は汝《なんじ》のうちにあり」と云《い》うイエスの言葉にあらわれたる如《ごと》く「内在《ないざい》の神の国」なのである。されば神に祈ると云《い》うことは「自己内在の神」に祈ると云《い》うことである。自分の内《うち》に神が宿《やど》っているのであるから、常に吾々《われわれ》は自己の内なる神にまかせて、我《が》をなくならせて、ただ自分が神の智慧《ちえ》の流入《りゅうにゅう》のパイプとなることが必要なのである。

五月八日の法語　進歩の法則に支配されている人生

人生は進歩の法則、無限生長の法則によって支配されているのであるから、旧態《きゅうたい》依然《いぜん》たるものは、次の新しきものによって取って代《かわ》られる。商売のやり方でも、旧態依然たるものは新しき経済戦術によって新商売をやる者には必ず圧倒《あっとう》される。かくて職業を失うに到《いた》るとも、職業を失う者は幸《さいわ》いなるかな。神は彼に新しき職業と、新しき環境《かんきょう》とを与《あた》え給《たま》うことによって、新しき面から、彼の魂《たましい》をみがき得る機会を与えたまうのである。旧生活の破壊《はかい》に失望することなく新しき位置と職業を与え給《たま》えと祈れば好《よ》いのである。

五月九日の法語　人間は生長をも拒《こば》む自由をもっている

種子《たね》の中にはその生長に必要なる凡《あら》ゆる要素を周囲の太陽、空気、水分、地中から吸収《きゅうしゅう》して自己をして発芽《はつが》せしむる力を蔵《ぞう》しているのである。それと同じく人間も己《おのれ》の魂《たましい》の生長に必要なる凡《あら》ゆる要素を自己の周囲から吸収する力を持っているのである。併《しか》し種子《たね》は、その生長に必要な要素の中に置かれるとき、「自分は発芽することを欲《ほっ》しない」とその生長を拒《こば》む自由はもっていないのである。ただ人間のみ自由意志をもっていて自分を生長させもし、退歩せしめもすることが出来るのである。

五月十日の法語　人間は神的《しんてき》実現

人間は神の造《つく》りたまえる最後の最高の自己実現であるから、人間以下のあらゆる動物の段階の各要素を自己の内《うち》に含《ふく》んでいる。最後の最高の神的実現にまで生活を高めることも出来れば、あらゆる種類の動物的状態を実現することも出来るのである。肉《にく》欲食欲《よくしょくよく》のみに快感を求めるものは、人間でありながら動物の状態に退歩することである。仏典《ぶってん》にも人間の内部には、地獄《じごく》、餓鬼《がき》、畜生《ちくしょう》、人間《にんげん》、天人《てんにん》の各種要素を自己の内部に包蔵《ほうぞう》すると説かれている。その要素の中《うち》のどれを発揮《はっき》するかは人間の自由である。

五月十一日の法語　喜びの青空に出る道

海中に墜落《ついらく》したならば、墜落した底にある岩や藻《も》にしがみついていたならば到底浮《とうていう》かぶことは出来ないのである。墜落した悲しみの底につかまるな。悲しみの底につかまっていたならば喜びの青空に出ることは出来ない。悲しみをかなぐり捨て、喜びの青空に出ることが必要なのである。今有《も》てる何物《なにもの》かを失った時には、それは一層《いっそう》身軽になった時であるから、悲しみの底につかまらない限りは、喜びの青空に最も浮かび上がりやすい時なのである。かかる時上がるも下がるも人間自身の自由である。神に委《まか》せておれば上がるほか仕方《しかた》がない。

五月十二日の法語　神が汝《なんじ》をつかんでいる

神に委《まか》せよ。神が汝《なんじ》をつかんでいるから必ず善《よ》き事のほか起こりようがないと信ぜよ。然《さ》らば必ず善《よ》き事のほか起こりようがないのである。神に手を握《にぎ》って貰《もら》おうと思ったならば、ほかの握っているものと手を離《はな》さなければならぬ。空手《くうしゅ》にして郷《きょう》に帰るとき、掌《てのひら》の上に、「無限」が載《の》るのである。しかし神は決して人間に強制して、その悲しみまたは悩《なや》みをつかんでいる手を離させようとはしたまわぬ。つかむも放《はな》つも人間の自由である。しかし一切《いっさい》を放って神にその空手《くうしゅ》を差出《さしだ》さねば神の慈手《じしゅ》も彼の手を握ることは出来ぬのである。

五月十三日の法語　問題は必ず解決する

神が人間をこの世に生んだのであるから、人間自身が兎《と》や角《かく》、思い煩《わずら》う必要はないのである。問題が起こっても恐《おそ》れることはないのである。問題は必ず人間を今迄《いままで》とは異《こと》なる境遇《きょうぐう》や環境《かんきょう》に置き、今迄《いままで》とは異なる状態に於《お》いて、その人の魂《たましい》をきたえるのである。問題は必ず解決されるために存在するのであって、解決のない問題はないのである。吾々《われわれ》は恐れることはないのである。人生は生きており、人生は新生面《しんせいめん》を展開する。人間の肉体は老いることがあっても人生は老いることはないのである。

五月十四日の法語　不景気を心に思うな

祈りというものが短時間の言葉で神に所謂《いわゆ》る「祈り」を捧《ささ》げるものであると思うのは間違《まちが》いである。「祈り」と云《い》うのは魂《たましい》の底ふかくその人が生命で宣《の》べているところのものであるから、今朝《けさ》「神の無限供給が自分に流れ入る」と念《ねん》じながら、ラジオ放送や新聞記事で世間《せけん》の経済恐怖《きょうふ》をきいて、「こんなに不景気になってはたまらない」などと考え、または人と人との噂《うわさ》話《ばなし》に不景気や物質の不足を話していているようなことでは、それは「不景気」や「物質不足」を祈り顕《あら》わしているようなものである。

五月十五日の法語　不断《ふだん》の祈り

「常《つね》の祈り」が大切である。所謂《いわる》「不断念仏《ふだんねんぶつ》」「平生業成《へいじょうごうじょう》」である。平生《へいぜい》の祈りの業《ごう》が成就《じょうじゅ》して、現象界《げんしょうかい》に現れるのである。朝起きれば、「寝《ね》ている間にも呼吸をなさしめ給《たま》い、血液を循環《じゅんかん》せしめたまい、夜中《やちゅう》自分の生命を護《まも》り給《たま》うた神よ、有難《ありがと》うございます」と神に感謝し、「一夜を暖《あたた》かく眠《ねむ》らせ給《たま》うた蒲団《ふとん》よ有難うございます」と感謝して起きるのである。今与《あた》えられている事に充分《じゅうぶん》感謝しないでいて、次の善《よ》きものが与えられると云《い》うことはあり得ない。感謝する事によってのみ、今与えられたものの充分の価値が享受《きょうじゅ》出来る。

五月十六日の法語　富《とみ》とは「生命《いのち》」を与《あた》えること

富《とみ》を獲得《かくとく》するためには何か不正なことを行わないと得られないと思うのは間違《まちが》いである。また富と云《い》うものが神のみ心にかなわぬものだと考えるのも間違いである。富と云《い》うものは神の「生命《いのち》さきはえ」が現象界《げんしょうかい》に具体化《ぐたいか》したものであるから、人間自身も生命《いのち》を出して与《あた》えた程度に従って得られるのである。与えれば与えるほど、換言《かんげん》すれば多くの人々に役に立つ働きをし、多くの人々の役に立つ製品をつくり出したとき、その人の収入は殖《ふ》え、その人の富は増加するのである。

五月十七日の法語　最大多数の最大幸福に奉仕《ほうし》せよ

「亀《かめ》の子《こ》たわし」を新案して全日本の台所の清潔《せいけつ》に貢献《こうけん》した者は百万長者《ちょうじゃ》となり、「わかもと」を新案して人類にビタミンB資源《しげん》を出来るだけ広く供給する試《こころ》みを考案

郵便はがき

料金受取人払郵便

赤坂支店
承　認
6241

差出有効期間
2021年3月
31日まで

107-8780

235

東京都港区赤坂
9-6-44

日本教文社

愛読者カード係行

ご購読ありがとうございます。本欄は、新刊やおすすめ情報等のご案内の資料とさせていただきます。ご記入の上、投函下さい。

(フリガナ)

お名前　　男･女／年齢　　歳

ご住所　〒

都道府県　　市区町村

電話　(　　)　　e-mail　　@

ご職業　　ご購読新聞･雑誌名

よく使うインターネットサービス名

下記の小社刊の月刊誌を購読されていますか。

□いのちの環　□白鳩　□日時計24

(見本誌のご希望　□いのちの環　□白鳩　□日時計24)

・新刊案内　□希望する　　・おすすめ情報の案内　□希望する

・図書目録　□希望する　　・メルマガ(無料)　□希望する

愛読者カード

今後の参考にさせていただきます。本書のご感想・ご意見をお寄せ下さい。

◇今回ご購入された図書名

◇ご購入の動機

1. 書店で見て
2. インターネットやケータイサイトで
3. 小社の案内を見て
4. 小社の月刊誌を見て
5. 新聞広告を見て（紙名　　　　　）
6. 人に勧められて
7. プレゼントされた
8. その他（　　　　　）

◇ご感想・ご意見

*いただいたご感想を小社ホームページ等に掲載してもよろしいですか?
□はい　□匿名またはペンネームならよい（　　　　　）　□いいえ

◇今後お読みになりたいと思う本の企画（内容）や作者

◇小社愛読者カードをお送り下さるのは今回が初めてですか。

□はい　□いいえ（　　回め）

◆ご注文カード◆

書　　名	著者名	定価	冊数

*ご注文は電話、FAX、e-mail、ホームページでも承っております。
*国内送料：一件2000円（税込）以上＝送料無料、2000円（税込）未満＝送料210円

◇ご記入いただいた個人情報は、小社出版物の企画の参考とさせていただくとともに、ご注文いただいた商品の発送、お支払い確認等の連絡および新刊などの案内をお送りするために利用し、その目的以外での利用はいたしません。

日本教文社
TEL03-3401-9112　FAX03-3401-9139
https://www.kyobunsha.co.jp

*アンケートはPCやケータイ、スマートフォンからも送ることが可能です。

した者は千万長者と成る。何でも最大多数の人類に貢献した者はその報《むく》いを得るのである。真理を最も平易《へいい》なる言葉で述べ、一千万人に生老病死《しょうろうびょうし》を解脱《げだつ》する道を教えた『生命《せいめい》の實相《じっそう》』の著者が千万長者にならないのは、まだ彼が、清貧《せいひん》に執《しゅう》する気持があり、宗教家と云《い》うものは富《と》んではならないと云《い》う通念《つうねん》に縛《ばく》せられているからである。

五月十八日の法語　仕事をなす時の祈り

「わが仕事はわれとわが家族と全人類の福祉《ふくし》のための祈りである」。常に仕事をなさんとする時には目をつぶりてかく祈りてから始めよ。仕事のあいまに、「仕事が祈りである、祈りが仕事である」と念《ねん》ぜよ。かくすれば仕事の質が上がり、量が殖《ふ》え、新しき智慧《ちえ》が発現《はつげん》し、仕事に新生面《しんせいめん》がひらかれるのである。思わぬ間違《まちが》いが発見され故障《こしょう》に到《いた》らずにすむのである。「仕事よ有《あ》りがとう。この仕事は神のみ栄《さか》えである」と念ぜよ。かくすれば神のみ栄えの顕現《けんげん》として立派な仕事が成就《じょうじゅ》するのである。

五月十九日の法語　飲食をなす時の祈り

食事のときには、「神の生命と愛とが食物《しょくもつ》の形となって吾《われ》に栄養を与《あた》え、我《わ》が生活をして神の光栄をあらわさしめ給《たま》う」と念《ねん》じて食《しょく》せよ。飲料をとるときには「わが過《あやま》ちて人を憎《にく》み、恨《うら》み、憤《いきどお》りたる罪《つみ》をこの飲料にて洗い流し、再びかかる罪を繰返《くりかえ》すことなきしるしとして之《これ》を飲む」と念じて飲むが好《よ》いのである。不平や不快や憤り恐怖《きょうふ》を感じながら食物をとることは唾液《だえき》の中に毒素をつくり、それを服《の》んでいると同じである。食事は不味《まず》くなり消化不良となり、身体《からだ》を不健康にするのである。

五月二十日の法語　難問題は神に委《ゆだ》ねよ

人間で完全に解決しがたい問題に逢着《ほうちゃく》したときには、神にこれをゆだねよ。「吾《われ》……この問題を神の御手《みて》にゆだぬ。神は無限の智慧《ちえ》と愛とをもって、平和と調和と幸福と豊かなる生活にまで導《みちび》きたまう」と繰返《くりかえ》し繰返しつつ精神統一状態に入《い》れ、そして完全に神に委《まか》せ切《き》った心境になれ。また同じような言葉を就寝前《しゅうしんぜん》、繰返し繰返しつつ、すべての問題の解決を神に委《まか》せ、神が必ずよきように解決して下さるにちがいないと確信して安心して眠《ねむ》れ。神は屹度《きっと》最善に解決して下さるのである。

五月二十一日の法語　全《すべ》てを神の手に托《たく》せよ

如何《いか》なる問題にせよ、如何《いか》なる希望にせよ、それを祈りによって神にまかせよ。それが真に魂《たましい》の底から希望するものである限り、またその成就《じょうじゅ》が他の人に不幸を与《あた》えたり、他の人を犠牲《ぎせい》にしたり、また他から奪《うば》うことにならないものである限りそれは成就するのである。それが成就しないかも知れないと云《い》う恐怖《きょうふ》を去れ。又《また》他に対する怒《いか》りや憎《にく》みや恨《うら》みや争いの念《ねん》を去れ。すでに全《すべ》てのものは与えられているのである。それに波長《はちょう》を合わせさえすれば好《よ》いのである。神は必ず応《こた》えたまう。神は時期を知り給《たま》う。神の時期に委《まか》せよ。

五月二十二日の法語　富《と》む事は罪悪《ざいあく》ではない

若《も》し諸君が富《と》もうと思うならば、富む事が罪悪《ざいあく》であると云《い》うような考えを捨てなければならぬ。若《も》し潜在意識が「富《とみ》」を「避《さ》くべき罪悪」であると信じているならば、無意識に諸君はする事なす事、貧乏《びんぼう》になるような行動をすることになるのである。神は決してケチを喜び給《たま》うような方でない事は、地球と云《い》う箱庭《はこにわ》に太平洋と云《い》う池をつくり、富士山と云《い》う築山《つきやま》をきずいて、その美しさを賞《め》でたまう事実を見てもわかるのである。神の計画は大仕掛《おおじかけ》である。人間も神の子ならば大仕掛に富んでも好《よ》い。大《だい》なる計画は人を引着《ひきつ》ける。

五月二十三日の法語　富《とみ》を獲得《かくとく》する第一条件

富《とみ》とは「金《かね》」のことではない。封鎖《ふうさ》されれば使えなくなるような「金」や紙幣《しへい》は真の富ではない。富とは「価値」である、「値打《ねうち》」である。値打の中には色々の善《よ》き考え、身体《からだ》の健康、人格の魅力《みりょく》、日常生活の快適や豊富さ、享受力《きょうじゅりょく》の豊かさ、創造力《そうぞうりょく》の豊かさなどと云《い》うものが含《ふく》まれている。兎《と》も角《かく》、諸君がこれらの富を得んとすれば、それを得ることが決して罪悪《ざいあく》でないと云《い》うことを先《ま》ず知り、自分が神の子であるから此等《これら》のものは必ず得られると云《い》うことに確信を有《も》ち、且《か》つ必ず得て見せると云《い》う大決心をしなければならぬ。

五月二十四日の法語　富《とみ》は「善《よ》き考え」の具象化《ぐしょうか》

富《とみ》は先《ま》ず「善《よ》き考え」の具象化《かたちになったもの》であるから、善《よ》き考えを起こさなければならぬ。人間知恵《ちえ》で善き考えを起こしたくらいでは、人に抽《ぬき》んでて大《だい》なる富を得る事は出来ないのである。多くの発明は天来《てんらい》のインスピレーションで成立《なりた》っているのである。だから大《おお》いに富《と》むためにはインスピレーションを得なければならない。インスピレーションを得るためには神に波長《はちょう》を合わさねばならない。神に波長を合わすためには、心を清《きよ》め、心を静かにして、神想観《しんそうかん》を行《ぎょう》じなければならぬ。

五月二十五日の法語　既《すで》に与《あた》えられているものを完全に利用せよ

神の有《も》ち給《たま》えるすべての富《とみ》は既《すで》に汝《なんじ》に与《あた》えられているのである。それをみずから取るか遠慮《えんりょ》して取らないかは自分の自由である。次のものを求むるよりも前に、既《すで》に与えられているものを完全に保有し、感謝し、それを働かせているかいないかを反省すべきである。既《すで》に与えられているものに感謝し、既《すで》にあたえられている自分の富を、愛を、能力を、深切《しんせつ》を、充分《じゅうぶん》人に与え、且《か》つ働かせてからこそ、新たなるものを求むべきである。その時にこそ神が既《すで》に豊かに汝《なんじ》に与えたまうている物を取る力が出来ているのである。

五月二十六日の法語　愛の神を凝視《ぎょうし》せよ

神に対面するのみの時間を一日一回は作れ。然《しか》して真に汝《なんじ》の欲《ほっ》するものを神に告げよ。先《ま》ず静坐《せいざ》して心を鎮《しず》めよ。神が其処《そこ》に立ち給《たま》うて、愛深き眼光《まなざし》をもって汝《なんじ》を見詰《みつ》め給《たま》うと想像せよ。その眼光《まなざし》より神の無限の「愛」が汝《なんじ》に流れ入りて、汝《なんじ》の中に満《み》ち、且《か》つ汝《なんじ》を取り巻いていると観《かん》ぜよ。「われ神の愛を注《そそ》がれ、神の愛に包《つつ》まれ、神の愛に浄《きよ》められて、わが過《あやま》ちて人を憎《にく》み恨《うら》み憤《いきどお》りたりしすべての罪《つみ》がきよめられて、いと清浄《せいじょう》になりたり」と観《かん》ぜよ。「神のわれを赦《ゆる》したまいし如《ごと》く吾《われ》もすべての人を赦《ゆる》したり」と観ぜよ。

五月二十七日の法語　一度憤《いきどお》った相手は思い出してゆるせ

「われすべての人を赦《ゆる》したり」と観《かん》じても、そう漠然《ばくぜん》と思うだけで赦《ゆる》していないことがある。それは自分の家はもうすっかり不浄《ふじょう》のものを洗ってしまって洗濯物《せんたくもの》はないと信じていても、押入《おしい》れの隅《すみ》っこに「汚《よご》れ物《もの》」をつくねて忘れていることがあるのと同じである。その「汚れ物」を発見し、それに清《きよ》らかなる水を灑《そそ》いで洗い浄《きよ》める事が必要なのである。過去より今まで嘗《かつ》て憎《にく》み恨《うら》み憤《いきどお》りたりし相手を想《おも》い起こし、一々その顔を眼瞼《まぶた》の内《うち》に思い浮《う》かべ、「私《わたし》は貴方《あなた》を赦《ゆる》しました。貴方《あなた》も私を赦《ゆる》しました……」と心の中に唱《とな》えるのである。

五月二十八日の法語　相手を赦《ゆる》す神想観《しんそうかん》

憎《にく》み恨《うら》み憤《いきどお》りたりし相手を赦《ゆる》す神想観《しんそうかん》によってのみ、過去の過《あやま》ちは赦《ゆる》され、過去の罪《つみ》は浄《きよ》められる。瞑目《めいもく》して相手の顔を思い浮《う》かべ、其《そ》の名を黙誦《もくじゅ》して心の中に深く次の如《ごと》く念《ねん》ずる。「私《わたし》は貴方《あなた》を赦《ゆる》しました。貴方《あなた》も私を赦《ゆる》しました。貴方と私とは神に於《お》いて一体でございます。私は貴方を愛しております。貴方も私を愛しております。

貴方《あなた》と私とは神に於《お》いて一体でございます。私は貴方に感謝しております。貴方も私に感謝しております。有難《ありがと》うございます。有難うございます。私と貴方との間には今何らの心の蟠《わだかま》りもございません」。

五月二十九日の法語　相手の幸福を祈ること

次に相手の幸福を祈れ。真に相手の幸福のために祈り得るような心境になり得てこそ、真に相手を自分が赦《ゆる》しているのである。そうでなしに、相手のことを思い出すのは不快であるから、忘れてしまいたいと思っているようなことでは真に赦《ゆる》していないのである。キリストが「汝《なんじ》の敵のために祈れ」と教えたのもこの意味である。彼の幸福を祈り得るような心境に達したときにのみ、敵が敵でなくなるのである。人間の真の勝利は、自己内部の敵を克服《こくふく》することにある。自己の内《うち》にある「敵」の観念《かんねん》を克服せよ。

五月三十日の法語　夫婦仲よくなる道

ある講習会で私《わたし》は仲の悪い夫婦に「仲よくすれば好《よ》いのである。既《すで》に仲が好《よ》いと信ずることが必要である。仲が悪いから仲をよくしましょうと努力するのではいかぬ」と教えた。ところが其《そ》の夫人は「仲よくしよう」と努力した。しかし夫が自分を愛してくれないように思われるのである。愛して欲しい、愛して欲しい。切《せつ》なる願いがもどかしく自分の心をかきむしる。イライラする。そのために仲よくなれぬ。或《あ》る日彼女は愛して欲しいと思うよりも「先《ま》ず愛しよう」と決心した。そして彼女は仲よくなれたのである。

五月三十一日の法語　環境《かんきょう》の精神的影響《えいきょう》

精神科学は結核患者《けっかくかんじゃ》をみちびくのに、決して形の上から「絶対安静」を破れと云《い》うのではない。先《ま》ず「恐怖心《きょうふしん》」を捨てよと教えるのである。「恐怖心を捨てた」其《そ》の結果が、自然に絶対安静の必要がなくなるのである。まだ恐怖しながら、戦々兢々《せんせんきょうきょう》「動いて見よう」位《くらい》では危険なことこの上ない。しかも周囲の人々が、「動いたら危《あぶな》いぞ」と恐怖心をそそる言葉で包囲攻撃《ほういこうげき》する場合、患者は恐怖心を起こさずにいることはむずかしい。先《ま》ず環境《かんきょう》をかえる必要がある。また家庭の不調和から来る患者は家族互《たが》いに感謝させねば精神の安静は得られない。

六月の法語

天国は汝《なんじ》の内にあり

六月一日の法語　宝樹華果《ほうじゅけか》多くして衆生《しゅじょう》の遊楽《ゆらく》する処《ところ》

吾々《われわれ》は神から永遠の幸福を約束されているのである。「諸々《もろもろ》の堂閣種々《どうかくしゅじゅ》の宝もて荘《しょう》厳《ごん》せり、宝樹華果《ほうじゅけか》多くして衆生《しゅじょう》の遊楽《ゆらく》する処《ところ》なり」と云《い》う『法華経《ほけきょう》』の文句は決して空文《くうぶん》ではなく、既《すで》にかかる世界が今、実に此処《ここ》にあるのである。それは既《すで》に放送局の放送があるのと同じように、既《すで》に肉眼では見えないが波長《はちょう》を合わしさえしたならば現実に五官に触《ふ》れるような形にあらわれて来るように今此処《ここ》に既《すで》にあるのである。現実の不完全な相《すがた》に心を捉《とら》えられていては不調和なものに波長を合わすから不調和なものばかりが現れて来るのである。

六月二日の法語　人間は放送局であると同時に受信セットである

一人一人の人間は各々《おのおの》放送局であると同時に受信セットであるとも言い得る。各々の放送局である個人は、或《あるい》は悲しみの念波《ねんぱ》を放送し、或《あるい》は怒《いか》りの念波を、或《あるい》は恨《うら》みの念波を、或《あるい》は憂《うれ》いの念波を放送している。二十二億の「人間放送局」から別々に放送されるこれらの想念《そうねん》・感情の波《なみ》は、類似《るいじ》の波長《はちょう》を起こす受信機（人間）の所に群《むら》がり集まって想念の集団をなして具象化《ぐしょうか》するのである。だから自分が起こした悲しみの波のみが自分の身辺に具象化《ぐしょうか》するだけではなく、悲しみの念波を起こせば自分以外の悲しみの波も集まって来て具象化する。

六月三日の法語　幸福を外《そと》の世界に求めるな

吾々《われわれ》は誰も幸福を求める。然《しか》し乍《なが》ら大抵《たいてい》は外《そと》の世界にそれを求め、外の手段方法をとつおいつ心配して心を労《ろう》するのである。併《しか》しそれは拙劣《せつれつ》なる求め方である。労して誰も幸福になれるのであったら、「稼《かせ》ぐに追いつく貧乏《びんぼう》なし」の諺《ことわざ》その儘《まま》に働く人は誰も彼も幸福に豊かに富《と》める筈《はず》であるが、事実は「はたらけどはたらけど猶《なお》わが生活《くらし》楽にならざりじっと手を見る」と云《い》う石川啄木《いしかわたくぼく》の歌のように、いくら人間力《にんげんりょく》で労して見ても幸福になり切れない場合が多いのである。爰《ここ》に反省しなければならぬものがある。心の方向を転換《てんかん》しなければならぬ。

六月四日の法語　神の国と神の国の義《ただしき》を求めよ

今まで現象界《げんしょうかい》へ振《ふ》り向《む》いていた心を神の方へ振り向けることが大切である。「先《ま》ず神の国と神の国の義《ただしき》を求めよ。其《そ》の余《よ》のものは汝《なんじ》らに加えられるべし」とイエスは言った。吾々《われわれ》は大抵《たいてい》、神の国を先《ま》ず求めないで、其《そ》の余《よ》のものの方へ心が向き勝《が》ちであったのである。神の国は現象世界が整《ととの》うて来るための根《ね》である。根を求めないで枝《えだ》葉《は》から先に求めていたから、根のない枝葉は枯《か》れるほかはないので、神の方へ振り向かない働きは、「はたらけどはたらけど猶《なお》わが生活楽《くらし》にならざりじっと手を見る」式に労《ろう》して功《こう》なしであったのである。

六月五日の法語　先《ま》ず神を認めよ

神が吾々《われわれ》神の子に求めていられる処《ところ》のものは先《ま》ず「吾《われ》を認めよ」と云《い》うことである。人間でも親が子に求めているところのものは、先《ま》ず「親をみとめよ」と云《い》うことである。親の無視が即《すなわ》ち親不孝であり、親を忘れて放浪《さまよ》い歩いたところに、親の遺産《いさん》をつぐことが出来ないことが生《しょう》ずるのである。だから先ず何よりも吾《われ》らは自分の生命《いのち》の親を、神を、認めなければならないのである。先ず神と直結し、神の持ち給《たま》えるすべての物と直結すべきである。其処《そこ》から無限の富《とみ》が湧《わ》き出て来るのである。

六月六日の法語　神を愛せよ

パウロは次のように言っている。「神を愛する者、すなわち御旨《みむね》によりて召《め》されたる者の為《ため》には、凡《すべ》てのこと相働《あいはたら》きて益《えき》となるを我《われ》らは知る」（「ロマ書」八章二八）。

先《ま》ず神を愛しなければならないのである。愛するとは自他一体になると云《い》う事である。一つになることである。それが同時に「御旨《みむね》によって召《め》されたる者」である。「御旨によりて召されたる者」とは決して特定の選ばれたる宗教的貴族階級のことではない。「神のみ旨《むね》われに宿《やど》る」と自覚する者のことである。

六月七日の法語　神は不幸を与《あた》え給《たま》わない

神は吾々《われわれ》の親様《おやさま》である。神が吾々《われわれ》に不幸を強要《きょうよう》したまうことはあり得ないのである。神は吾々《われわれ》神の子に幸福を与《あた》えたくて仕方《しかた》がないのである。幸福が来ないのは親が与えたまわないのではなく、『法華経《ほけきょう》』の長者窮子《ちょうじゃぐうし》の譬《たとえ》にあるように神の子みずから親のみ許《もと》をはなれて神の賜《たまもの》から逃《に》げ出《だ》しているのである。先《ま》ず自身が神の子であると知ることが貧窮《ひんきゅう》の子が長者《ちょうじゃ》の父のみ許《もと》に到《いた》ることにあたるのである。そして自分の本来の位置を自覚して人間を、不幸になるよう定められているような下《くだ》らないもののだと思わぬことである。

六月八日の法語　神は人格であると同時に法則である

親がその子に対して、善《よ》きものを与《あた》えたくない場合を考えて見れば、その子が親不孝の場合である。間断《かんだん》なく親の言い付けに叛《そむ》き、親の意志に反し、与えたる富《とみ》はただ他を害する為《ため》のみに使う様《よう》な場合には親はその善《よ》きものを与える事をさし控《ひか》えるであろう。それは神を擬人的《ぎじんてき》に人格的に考えたのであるが、神は人格であると同時に法則なのである。その両面を見落《みおと》しては真に神を理解したことにはならない。神は超個《ちょうこ》性的《せいてき》法則であると同時に人間的な人格を備えてい給《たま》う。それ故《ゆえ》に神の子なる人間も人格を備えているのである。

六月九日の法語　神の全能《ぜんのう》を信じて常に神に振《ふ》り向《む》けよ

汝《なんじ》が困難に面するとき常に神に振《ふ》り向《む》けよ。汝《なんじ》が人間力を絶《ぜっ》したる複雑な解決困難なる問題に面した時、常に神に振り向くべし。神はすべての解決である。「神様」と呼びかけよ、全身全霊《ぜんしんぜんれい》をもって神に呼びかけよ。その間《かん》神の全能《ぜんのう》を信ずべし。少々の疑いも、恐怖《きょうふ》も持つべからず。疑いと恐怖とは神の救いの波《なみ》に対する絶縁体《ぜつえんたい》である。完全なる信のあるところ恐怖はないのである。恐怖なくして神に振り向き、「神はすべての方法と手段とを有《も》ち給《たま》う。如何《いか》なる複雑な問題も、すべてを調和した姿に解決する方法を知り給《たま》う」と念《ねん》ぜよ。

六月十日の法語　神は全能《ぜんのう》の智慧《ちえ》、調和の智慧《ちえ》

「神の力、神の智慧《ちえ》、神の愛、今われに流れ入りてわれを救《たす》けたまい、導《みちび》きたまい、われを祝福《しゅくふく》したまう。神に於《お》いて解決困難な問題は一つだとてあり得ないのである。神は全能《ぜんのう》の智慧《ちえ》であり、調和の智慧である。神は自分に宿《やど》りたまう智慧であるばかり

でなく、すべての人々に宿りたまう智慧《ちえ》であるから、すべての人々が調和して動き出して問題は完全に調和した形に解決するのである。神は今自分を神御自身《ごじしん》の創造《そうぞう》の尖《せん》端《たん》として新しき調和ある解決の道を見出《みいだ》し給《たま》う。神よ、神の完全なる智慧によって調和ある解決の導きを示し給《たま》え」

六月十一日の法語　神は常に吾《わ》がうちにありて働き給《たま》う

今此処《ここ》に、神の力が、君《きみ》の内《うち》に、そら其処《そこ》にあるではないか。遠いところに求める必要はない。君が生きているのが其《そ》の証拠《しょうこ》である。神の力が君の内に今働いているのである。神の力が今其処《そこ》に君の内に一切《いっさい》を新たならしめるべく、あらゆる君の求めに応ずべく、働いていたまうのである。今それを悦《よろこ》べ、今それに感謝せよ。治して貰《もら》えるから感謝するのでもなければ、治ったから感謝するのでもない。そんな現象《げんしょう》の問題ではない。現象は唯《ただ》の随伴物《ずいはんぶつ》に過ぎない。何よりも君が既《すで》に神である実相《じっそう》を見て悦《よろこ》ぶのだ。感謝するのだ。

六月十二日の法語　認めたものだけが現れる

神に波長《はちょう》を合わすには、ラジオと同じく先《ま》ず放送局がある事を認めなければならない。神を先《ま》ず認め、神は無限に寛大《かんだい》に吾《われ》らの願いをきいて下さるものである事を、認めなければならぬ。神が神罰《しんばつ》を与《あた》えるような苛酷《かこく》な存在であると吾々《われわれ》が認めるならば「苛酷《かこく》」な波長に波長を合わす事になり、苛酷なものが現象界《げんしょうかい》に実現することになるのである。それよりも吾々《われわれ》は神は愛深き存在であり、無限の赦《ゆる》しであり、無限によきものを吾《われ》らに与え給《たま》うべく待ちかまえていられるのであることを信ずれば、それに波長を合わすことになるのである。

六月十三日の法語　神は常に今此処《ここ》に吾《われ》と共に在《い》ます

悦《よろこ》びの神が、無限健康の神が、無限供給の神が、幸福のほか与《あた》えることを知らぬ神が自分と共にある事を自覚せよ。今既《すで》に無限の幸福があるのである。此処《ここ》に今神がいまして吾等《われら》を護《まも》りていたまうのである。現象《げんしょう》が今如何《いか》にともあれ、現在の現象は過去の念《ねん》の影《かげ》に過ぎないのである。吾々《われわれ》は今《いま》善以外を知らざる神に、幸福以外を知らざる神に、取囲《とりかこ》まれているのである。それを断々乎《だんだんこ》として自己の心の中《うち》に主張せよ。然《しか》らば必ず幸福のみが出て来るし、善のみが出て来るし無限のよき物のみが出て来るのである。

六月十四日の法語　一切《いっさい》を神に托《たく》し切《き》れ

自己を空《むな》しうすること。自己のみならず、時代の迷信《めいしん》、先入観念《せんにゅうかんねん》、心配、恐怖《きょうふ》、取越苦労《とりこしくろう》、持越苦労《もちこしくろう》などを捨てることである。それらがあることそのことが神への無条件降伏《こうふく》が完成していない証拠《しょうこ》であるとも云《い》える。取越苦労し、持越苦労する権利を抛棄《ほうき》せよ。恐怖する権利を抛棄《ほうき》せよ。神の造《つく》りたまえる此《こ》の世界に悪が存在すると予想する権利を抛棄せよ。神の造り給《たま》える此《こ》の世界に病気や不幸があると思う権利を抛棄せよ。ただ神の全能力を信ぜよ。神の善なる意図を信ぜよ。これこそが真の自己抛棄であり、神への全托《ぜんたく》である。

六月十五日の法語　天の父われに在《い》まして成さしめ給《たま》う

自分の力では何物《なにもの》も出来る事ではないと知った時、神の力が動き始めるのである。神と対立して自分の力を主張している間はまだ駄目《だめ》である。「われみずからにては何《なに》事《ごと》をもなし得ず」の自覚の次に、イエスは「天の父われに在《い》まして成《な》さしめ給《たま》うのである」と云《い》う自覚が生《う》まれた。「小慈小悲《しょうじしょうひ》もなき身にて、心は蛇蝎《だかつ》の如《ごと》くなり」との罪《ざい》悪深重感《あくじんじゅうかん》の次に「超世《ちょうせ》の悲願ききしより、吾《われ》らは生死《しょうじ》の凡夫《ぼんぷ》かは」の仏と一体の自覚が親鸞《しんらん》に出来たのである。自己折伏《しゃくぶく》の完了《かんりょう》していない信仰《しんこう》は我慢心《がまんしん》に陥《おちい》りやすい。

六月十六日の法語　よき「思い」を種蒔《たねま》くこと

神をあざむくことは出来ない。神は秤《はかり》の如《ごと》く、自分の目方《めかた》どおりの目盛《めもり》をあらわしたまうのである。蒔《ま》かぬ種《たね》は生《は》えぬし、蒔《ま》いた種は穫《か》りとらなければならないのである。一つの「思い」を種蒔《ま》けば、それは多くの「行為《おこない》」となって実《み》を結《むす》ぶ。よき「思い」は多くよき「行為《おこない》」となってあらわれる。自分の行為《こうい》がよくなるばかりでなく、自分の「思い」の一つで相手の「行為《おこない》」までがよくなるのである。まことにも「立ち対《むか》う人の心は鏡《かがみ》なり」と黒住宗忠《くろずみむねただ》の歌った通りである。立ち対《むか》う環境《かんきょう》さえも自分の心の鏡である。

六月十七日の法語　よき「行為《おこない》」の種《たね》を蒔《ま》け

「思い」の種子《たね》は「行為《おこない》」の実《み》を結《むす》ぶが、一つの「行為《おこない》」はまた多くの「思い」の果《み》を結ぶ。それは互《たが》いに映《うつ》し合って「合わせ鏡《かがみ》」の如《ごと》くである。また「思い」の方《ほう》ではそんなに深切《しんせつ》な気持が起こっていないにしても、そこを思い切って深切《しんせつ》な行為《おこない》を実行して見た時に、不思議に「嬉《うれ》しい思い」が湧《わ》いてくることを発見するであろう。そこに常に深切な行為《おこない》をする人は、常に幸福な思いを味わう人だと云《い》う事が出来るのである。又《また》、相手の感謝の表情を見る事は人生無上の楽しみである。感謝は感謝の共鳴を喚《よ》び起こすのである。

六月十八日の法語　「人格」の力を作れ

「人格」と云《い》う目に見えない、しかし人おのおのに附《つ》いた不思議な力がある。その

「人格」の力がすべての物事《ものごと》を成功させたり、不成功に終らせたりするのである。ある人は「人格」の力で、人々を神の如《ごと》く尊敬せしめ、慈父《じふ》の如《ごと》く人々が慕《した》い寄《よ》る。ある人は「人格」が醜《みにく》いゆえに、才能があれども人々が気嫌《けぎら》いして、その人に功《こう》を成さしめない。では「人格」の目に見えない雰囲気《ふんいき》をどうしたら発達せしめることが出来るか。それはふだんの「思い」をよくすることである。ふだんの愛念《あいねん》は其《そ》の人に柔《やわら》かな雰囲気をつくるのである。

六月十九日の法語　人格のふんいき

日常断《た》えず思っている「思い」の集積が、人格の雰囲気《ふんいき》となって現れる。たえず善《よ》き「思い」を起こしている者はよき人格の雰囲気をもち、断えず卑《いや》しい「思い」を起こしている者は何となく卑しい人格の雰囲気を持つ。威厳《いげん》の雰囲気を放《はな》つ者あり、慈《じ》悲《ひ》の雰囲気を放つ者あり、柔和《にゅうわ》の雰囲気を放つ者あり、剣気《けんき》を含《ふく》む者あり、邪気《じゃき》を放つ者あり、徳気《とくき》を放つ者あり、人さまざまであるが、之等《これら》は全《すべ》て常にその人が心に思う「思い」の集積であって、一時《いちじ》人前《ひとまえ》を繕《つくろ》っても駄目《だめ》である。第一印象の良《よ》い人は雰囲気のよい人である。

六月二十日の法語　最初の魂《たましい》の非難にきけ

最初は自分の罪《つみ》におののくが、それに慣れてくると何ともなくなる。次には罪の行為《おこない》が楽しくなり、しまいにはそれを度《たび》かさねぬとおれぬようになる。習慣と云《い》うものは、恐《おそ》ろしいものである。先《ま》ず最初に罪に近づかぬことである。罪とは実相《じっそう》の円満完全さをツツミ隠《かく》した思いであり行為《おこない》である。それが実相そのものでないと云《い》うことは、魂《たましい》の最初の戦《おのの》きでわかるのである。最初に、第一印象で、魂が非難するところのものは行わぬがよいのである。第一念《だいいちねん》で良《よ》いと思うことは善《よ》いことが多い。

六月二十一日の法語　善《よ》き友と交《まじ》わること

見る姿・形は一種の暗示《あんじ》となって吾々《われわれ》の魂《たましい》の中に投げこまれるのである。友だち又《また》は知人の悪《あ》しき範例《おてほん》を見ていると、その悪《あ》しき姿が自分の潜在意識内のレコードとなり、縁《えん》を得ればその通りの悪しき姿が自分の行為《おこない》に現れてくる。善《よ》き友と交《まじ》わり、善《よ》き友の行為《おこない》を見、善き友の言葉をきく事は、目に見えぬ無限の宝を内《うち》に積むことになるのである。潜在意識の中にあるよき観念《かんねん》は、無限のよき宝であると云《い》うのは、其《そ》処《こ》から無限の善きものが湧《わ》き出るからである。すべて心に入《い》りたる物はやがて形となって顕《あらわ》れて来る。

六月二十二日の法語　決意をもって断じて行え

「断じて行えば鬼神《きしん》も避《さ》く」と諺《ことわざ》は言う。道は、決然たる意志の前にはその扉《とびら》を開く。道がなければ自分が道を造《つく》れば好《よ》い。キリストは「我《われ》は道なり」と言った。八方《はっぽう》が塞《ふさ》がっても上方《じょうほう》はあいているのだ。上方は神に通ずる道である。道なき時には神に頼《たよ》れである。不可能を可能にかえ得るものは決意である。「意志の教育こそは吾人《ごじん》存在の目的である。断乎《だんこ》たる決意ある者の前には常に時と機会とが待っている」とエマースンは言っている。世界を動かす梃子《てこ》は意志の力である。

六月二十三日の法語　金《かね》は浄《きよ》きに非《あら》ず穢《けが》れに非《あら》ず

弱き善人《ぜんにん》は、強き悪人《あくにん》に及《およ》ばない。善人は強くならなければならない。悪人は金《かね》を集めてその勢力を次第《しだい》に増大して行くが、善人は金を集める事を穢《きたな》いとみずからの手に手錠《てじょう》をかけるが故《ゆえ》に遂《つい》に悪人の力に滅《ほろ》ぼされてしまうのである。善人はもっと勇敢《ゆうかん》に金を集めなければならないし、よき事の為《ため》に金を集める事を穢《きたな》いと思ってはならないのである。金は穢《きたな》いも綺麗《きれい》もない。それは如何《いか》に何に使うかによって綺麗《きれい》と穢《きたな》いとの区別が出来る。釈迦曰《しゃかいわ》く「飢饉《ききん》の時には一層托鉢《いっそうたくはつ》せよ」と。釈迦は自分が貧乏《びんぼう》だから行乞《ぎょうこつ》したのではない。

六月二十四日の法語　今此処《ここ》が天国

誰にでも自己の天国があるのである。自分の脚下《きゃっか》を見、真に自分に与《あた》えられたものを享受《きょうじゅ》しこれを生《い》かし働かすとき其処《そこ》に天国は現れるのである。必ずしも富《と》めるが天国ではない。富めるが為《ため》に財産税にて首を縊《くく》れる人がある。富めるがために強盗《ごうとう》を怖《おそ》れて不眠症《ふみんしょう》になる人もある。貧《まず》しき者偶々《たまたま》富みて脚下を忘れ、婦人に弄《もてあそば》れて不治の病《やま》いを得るものあり、人格をそこなう者あり、富《とみ》は必ずしも天国の条件ではないのである。諸君が今此処《ここ》に於《お》いて与《あた》えられたる恩恵《おんけい》に目覚《めざ》めるとき天国は今此処《ここ》にあるのである。

六月二十五日の法語　天国は満《み》ちたる杯《さかずき》の如《ごと》し

天国は手をつっこんで奪《うば》うことは出来ない。天国は縁《ふち》まで満《み》ちた杯《さかずき》の如《ごと》きものである。手を突込《つっこ》んではその悦《よろこ》びはこぼれてしまう。天国は覆《くつがえ》してはならない、天国は床《ゆか》に流れて姿を没《ぼっ》するであろう。天国はただ素直にそれに口をつけて静かに飲むべきものである。静かにのめば、全身に平和と柔《やわ》らぎとは来《きた》り、心は悦《よろこ》びに満たされ、恍惚《こうこつ》として酔《よ》い、美しき光景を見、七宝《しっぽう》集まり来《きた》り、全《すべ》てのよき友集《つど》い来《きた》るを見るであろう。「今」を有難《ありがた》く受け生《い》かす者に非《あら》ずば天国に入《い》ることは出来ない。

六月二十六日の法語　天国は「今」を生《い》かすにある

「日々是好日《にちにちこれこうじつ》」と云《い》うのは雲門和尚《うんもんおしょう》の垂示《すいじ》である。“Every day is best day in the year”（毎日毎日が一年中で最も良《よ》き日である）とエマースンは言っている。達人《たつじん》の言うところ古今東西を通じて同じである。天国は「今」を生《い》かすとき其処《そこ》に現前《げんぜん》する。真の幸福は高価な貨幣《かへい》を支払《しはら》わずとも得られる。鳥《とり》にとっては樹《き》の枝《えだ》と空中とが天国であり、魚《さかな》にあっては海中と藻《も》の間が天国である。生物それぞれに天国が異《こと》なる。海《かい》魚《ぎょ》おどって鳥の天国に到《いた》らんとして木に昇《のぼ》れば即《すなわ》ち死す。他《ひと》の華《はな》を美しいと羨《うら》やんではならぬ。

六月二十七日の法語　天国は汝《なんじ》の内《うち》にあり

自己即今《そくいま》、天国なり。自己のうちに天国を見出《みいだ》し得ない者は何処《どこ》にも天国を見出す事は出来ないであろう。金殿玉楼《きんでんぎょくろう》に錦繍《きんしゅう》をまとって暮《くら》すとも嘆《なげ》きの園《その》に生活する者もある。小人《しょうにん》たまたま富《とみ》を得て家庭乱れ、地獄忽《じごくたちま》ち現前《げんぜん》して火の輪舞《くるまま》う。されど貧《まず》しきが必ずしも幸福に非《あら》ず、貧しさが故《ゆえ》に家庭争議絶《そうぎた》えざるものあり、心の源泉《げんせん》を清《きよ》めずんば、貧富共《ひんぷとも》に禍《わざわい》となる。されば貧富ともに禍《わざわい》でもなければ、又《また》貧富共に幸福でもないのである。心の中にこそ天国はあり。その天国より富を得る者これ最大の富《ふう》者《じゃ》である。

六月二十八日の法語　荘厳《そうごん》なる生活をせよ

吾等《われら》は吾《わ》が生活を荘厳《そうごん》なるものたらしめざるべからず。何《なん》となれば人間は神の子であるからである。魂《たましい》を高揚《こうよう》せしむる大思想家の文章は汝《なんじ》の魂をして荘厳ならしむべし。低卑《ていひ》なる市井《しせい》の俗語《ぞくご》に耳傾《かたむ》くべからず。闇《やみ》の話、脱税《だつぜい》の話、野卑《やひ》の話、猥褻《わいせつ》なる話きくべからず。仏典《ぶってん》を読むべし。聖書《せいしょ》を読むべし。『甘露《かんろ》の法雨《ほうう》』を読むべし、『生命《せいめい》の實相《じっそう》』を読むべし。すべて天啓《てんけい》、神示《しんじ》に基《もと》づく荘厳なる文章を読むべし。猥《わい》雑《ざつ》極まる近代のエロ文学読むべからず。言葉の力は恐《おそ》ろしき迄《まで》強き也《なり》。

六月二十九日の法語　時間を大切にせよ

「小人閑居《しょうにんかんきょ》して不善《ふぜん》をなす」と云《い》う諺《ことわざ》あり。徳足《た》らざる者仕事なく閑《ひま》でいる事は誘《ゆう》惑《わく》に対して隙《すき》を与《あた》えることになる。「何事《なにごと》をも為《な》さず」と云《い》うのも又《また》「行為《おこない》」の一種であって、「悪をなす行為《おこない》」よりも一層《いっそう》悪である。忘れられたる知識は復習によって回復されるが、働かずに忘れられたる時間は如何《いか》なる方法によっても回復の道がないのである。時間は生命であり、生命は何ものよりも高価なるものである。無駄《むだ》に時間を捨てる者は金貨を捨てて歩くよりも尚《なお》悪いのである。生命《いのち》は向上するか、然《しか》らざれば向下《こうげ》するかである。

六月三十日の法語　自分と云《い》う手垢《てあか》をつけるな

情欲《じょうよく》の奴隷《どれい》とならない人々こそ、真に崇高《すうこう》なる人間だと云《い》うことが出来る。情欲《じょうよく》を「愛」だと考えてはいけない。情慾は利己主義なるものである。親の愛と云《い》うものと雖《いえど》も、尚《なお》「自分の子」に対する愛として、「自分の」が附《つ》いている限りは真の愛ではない。「自分の子」と雖《いえど》も、一《ひと》たびは神に返して、神の子として愛しなければならぬ。すべての人類の子と等《ひと》しく執着《しゅうちゃく》なしに愛しなければならない。如何《いか》なる愛も「自分の」と云《い》う形容詞がつくかぎりは手垢《てあか》のついた愛である。愛して愛していることすら自覚しない愛が尊《とうと》いのである。

七月の法語

生命の本源は神

七月一日の法語　「今」を生《い》かせ

人ひとたび決意したる以上は、決して退《しりぞ》くべからず、決して躊躇《ちゅうちょ》すべからず、「今」すぐ着手すべし。一分間を争うなり。今、夏だと思っていても秋が来る。「今」して宜《よろ》しき事も一分間後には悪《あ》しきことあり。今踏切《ふみきり》を渡《わた》れば安全なるに、一分間のちには汽車《きしゃ》にひかれることあり。今日《きょう》すべき事を明日《あす》に延《の》ばすな。明日には明日の使命《めい》がある。冬に樹《き》の葉《は》落ちるも冬の「今」を生《い》かしているのであって、決して懶《なま》けているのでも延ばしているのでもない。着々《ちゃくちゃく》として春咲《さ》くべき花の用意が整《ととの》うているのである。

七月二日の法語　生命荘厳《そうごん》の美

世の中に無駄《むだ》なものは一つもない。困難さえもその人に知能を賦与《ふよ》する。困難の中にあって毅然《きぜん》として立つ者には荘厳《そうごん》の美が備《そな》わる。困難は吾々《われわれ》に或《あ》る価値を賦与《ふよ》する者だったのである。海浜《かいひん》の巌頭《がんとう》に立つ松には平地に育った松に見られない曲折蟠屈《きょくせつばんくつ》の美が見られる。山を登る馬の後脚《うしろあし》は正確に前脚《まえあし》の痕跡《こんせき》を踏《ふ》んで墜落《ついらく》することなく、平地を歩《あゆ》む馬は遂《つい》に後脚の正確なる歩度《ほど》を失う。困難は困難にあらず、平易《へいい》は平易に非《あら》ず、曲《まが》るべきは曲り、屈《くつ》すべきは屈し、或《あるい》は峻《けわ》しく或《あるい》は急にして生命愈々《いよいよ》美しく荘《そう》厳《ごん》を極《きわ》む。

七月三日の法語　「ハイ」の無限力《むげんりょく》

最も重き言葉は最も簡単なる言葉である。それは「ハイ」の一語である。一切《いっさい》の行《こう》為《い》は「ハイ」にて動き、一切の事物《じぶつ》は「ハイ」の一語にて成就《じょうじゅ》する。汝《なんじ》、使命《しめい》を感ぜんか、唯《ただ》「ハイ、ハイ」とのみ言え。然《しか》してこれを実行せよ。然《しか》らば必ず成就せん。「ハイ」とは決意である。使命に対する決意である。如何《いか》なる困難も、吾《われ》使命を感ぜんか、「ハイ」の決意にてその困難は斫《き》り拓《ひら》かれ、坦々《たんたん》たる大道《たいどう》となる。「ハイ」は汝《なんじ》を自由ならしめる。「ハイ」は実相《じっそう》その儘《まま》である。

七月四日の法語　「否定」の威力《いりょく》

「ハイ」に対立する最も簡単にして最も偉大《いだい》なる力は、「否《いな》!」である。汝《なんじ》病気ならんか、「否《いな》!」と断じて言うべし。病《やま》いすなわち必ず癒《い》えん。汝《なんじ》に不幸来《きた》らんか。「否《いな》!」と言うべし。如何《いか》なる不幸も汝《なんじ》を傷つける事は出来ない。最も自由なる人は自己の好まざることに対して断じて「否《いな》」と言う。かかる人には如何《いか》なる不幸も近づく事が出来ない。世界は如何《いか》なる「幸福」でも「不幸」でも自由に販売《はんばい》しているところの百貨店だと言える。それを求める貨幣《かへい》は「決意」である。

七月五日の法語　汝《なんじ》を呪《のろ》う者を祝福《しゅくふく》せよ

「汝《なんじ》の隣人《りんじん》を愛し、汝《なんじ》の敵を憎《にく》めと言いし教えを汝等《なんじら》聞きしことあらん。されど吾《わ》れ汝等《なんじら》に告ぐ、汝《なんじ》の敵を愛せよ。汝《なんじ》を呪《のろ》う者を祝福《しゅくふく》せよ。併《しか》して汝《なんじ》をなやめ苦しむる者のために祈れ」。或《あ》る日私《わたくし》が聖書《せいしょ》を読んでいる時に此《こ》の語から霊感《れいかん》を得た。その頃《ころ》私は私を裏切って私の為《ため》に出世してい乍《なが》ら、私の悪口《あっこう》を言い廻《まわ》っている或《あ》る人に不快な気持をもっていた。併《しか》しこのキリストの聖句《せいく》を読んだとき胸がスーッとしたのである。私は彼を愛しようと決心した。彼が吾《わ》が前にそのような姿をあらわすのは自分の心を鍛《きた》えて下さる神の愛である。

七月六日の法語　執着《しゅうちゃく》を脱《だつ》して始めて自由

「我《われ》はいと勝《すぐ》れた者である。一切《いっさい》のものに執着《しゅうちゃく》しない。諸愛《しょあい》悉《ことごと》く解脱《げだつ》してみずから覚《さと》る」。これは釈迦《しゃか》が菩提樹下《ぼだいじゅか》で悟《さと》りを開いていと静かに鹿野苑《ろくやおん》の方《ほう》へ歩《あゆ》まれた時、異学《いがく》の優陀《うだ》と云《い》う者が、釈迦の容貌気色清浄妙《ようぼうけしきせいじょうたえ》にして面光《めんこう》照りわたりたるを見て訊《たず》ねた時に答え給《たま》うた言葉の一節である。「われはいとすぐれたる者だ」とみずから宣言せられたのであるが、その何がいと優《すぐ》れたる者であるかと云《い》うと、一切のものに執着しない事、あらゆる愛を尽《ことごと》く解脱《げだつ》していることであった。

七月七日の法語　真《まこと》に神的《しんてき》な愛は「放《はな》つ愛」である

釈迦《しゃか》が悟《さと》りをひらいた時の状態が『阿含経《あごんぎょう》』で「諸愛《しょあい》ことごとく解脱《げだつ》し」と書かれているように、仏教では「愛」を執着《しゅうじゃく》とし、煩悩《ぼんのう》と見るのである。それは愛着《あいじゃく》のことである。真の神的《しんてき》な愛は愛着ではない。それは放《はな》つ愛でなければならない。自己の自由に彼女を又《また》は彼をしようと云《い》う愛ではなくて、彼女がまたは彼が、本来の道を行き得るように祈るが如《ごと》き愛でなければならない。かくの如《ごと》くして始めて彼の愛は、

『涅槃経《ねはんぎょう》』に於《お》いて名づけられたる如《ごと》き「法愛《ほうあい》」たるを得るのである。神は人間を善にさえも強制しない。それは放つ愛である。

七月八日の法語　天国に於《お》ける夫婦愛

ひとたび相手を真に放《はな》ってしまった時に、愛は清《きよ》まって真に法愛《ほうあい》たるを得るのである。キリストは「天国に於《お》いては、彼等《かれら》は結婚《けっこん》せず、夫婦関係もなく、天の使《つかい》の如《ごと》し」と言っている。これは決して天国では人間が、中性的な人間になる意味ではない。すべての創造《そうぞう》は唯一者《ゆいいつしゃ》の陰陽《いんよう》への分化《ぶんか》とその融合《ゆうごう》によって行われるのである。さればキリストの言った天国の状態は陰陽の結合の否定ではなく、それは猥雑《わいざつ》な肉的関係がないと云《い》う意味に過ぎない。天国に於《お》ける陰陽の結合は魂《たましい》に於《お》いて音楽の合奏《がっそう》の如《ごと》く行われる。

七月九日の法語　全身は霊的《れいてき》エネルギーの層である

ロックフェラー研究所の外科医長故《こ》アレキシス・カレル博士《はくし》は言っている。「吾々《われわれ》の意識のすべての状態は脳髄《のうずい》の化学的変化に相互連関《そうごれんかん》をもっているのである。脳髄《のうずい》は全身に相互連関をもち、吾等《われら》の全身は恰《あたか》も心的及《およ》び霊的《れいてき》エネルギーの層をなしているのである。意識のすべての状態は人体に一定の化学的又《また》は生理的状態を引起《ひきお》こす。されば人間は或《あ》る動作によって自分の肉体を調整《ちょうせい》し得ると同様《どうよう》に、瞑想《めいそう》により心を整《ととの》えることによっても肉体を調整し得るのである」。是《これ》が凡《あら》ゆる方面から人間の肉体を解剖《かいぼう》した世界一の大医《たいい》の言《げん》である。

七月十日の法語　憎《にく》む心を捨てよ

憎《にく》みの感情は血液内に毒素を生《しょう》ずる。それは精神の変化が脳髄《のうずい》に化学的変化を与《あた》え、脳髄と相互連関《そうごれんかん》をもつ全肉体組織《そしき》に、敵に対して身構《みがま》えするよう命ずることになるからである。敵に対して身構えしたとき、すべての生物は呼気《はくいき》より毒素を発し、唾液《だえき》の中に、敵に噛《か》みついて殺傷《さっしょう》するための毒素を生ずる。これは武器が牙《きば》と爪《つめ》とであった原始人時代の原始的機能を多少とも残しているのである。それをゲーツ教授はすべての感情に於《お》ける呼気《はくいき》の化学的実験で証明した。副腎《ふくじん》からはアドレナリンの分泌《ぶんぴつりょう》量の増加を起こす。

七月十一日の法語　汝《なんじ》の憎《にく》みを捨てよ

人を憎《にく》んでいて健康は期待出来ない。尤《もっと》もデリケートな体質と、頑丈《がんじょう》な体質とに於《お》いては、その精神的毒素の影響《えいきょう》が迅速《じんそく》であったり緩慢《ゆるやか》であったりする。それは一杯《いっぱい》の盃《さかずき》に酔《よ》う人もあれば、一升《いっしょう》飲んでも酔わぬ人もあるのに似ている。だから一時《いちじ》的《てき》に見るならば、割合《わりあい》人を憎まない人が病気になったり、大《おお》いに人を憎む人が健康でいたりするように見える。併《しか》し時が来る。集積した精神的毒素の総量が其《そ》の人の体質に耐《た》えられない極量《きょくりょう》程度に達した時に、始めて大木《たいぼく》の折《お》れるが如《ごと》く、如何《いか》に頑丈《がんじょう》なる体質も、病《やま》いを発して倒《たお》れるのである。

七月十二日の法語　宇宙は一つの生命体である

運動と云《い》うものは「動くもの」とそれがその中で動くところの「媒質《ばいしつ》」とによって可能となるのである。例えば魚《うお》は水中で動き、鳥《とり》は空中で動き、ラジオの波《なみ》は空間のエーテルを媒質《ばいしつ》として動く。では吾々《われわれ》の想念《そうねん》は何を媒質として動くのであろうか。吾《われ》の想念は、「宇宙に満《み》つる想念の普遍的波《ふへんてき》」の中で動くのである。吾々《われわれ》の想念が全宇宙に伝わらないと云《い》うことはあり得ないのである。ただ吾等《われら》はそれを自覚することが出来ないに過ぎない。吾々《われわれ》の想念が或《あ》る処《ところ》へ伝達して無限供給が出て来る原理は其《そ》処《こ》にある。

七月十三日の法語　生命の本源《ほんげん》は神

吾《われ》らの生命の本源《ほんげん》は神である。神は無限の活力の源泉《げんせん》であり給《たま》う。神より無限の活力が生《うま》れる。先《ま》ず自分が神から悦《よろこ》ばれていると云《い》う自覚を呼び起こす事が治病《ちびょう》の根本になる。神に憎《にく》まれていると思う者は自己処罰《しょばつ》の潜在意識よりして自己を苦しめる。その一面の現れが病気なのである。されば神に憎まれていると思う者は神と和解する事が必要である。神と和解するには、先《ま》ず祈りのうちに懺悔《ざんげ》し神に徹底的《てっていてき》にあやまり切るのである。そして赦《ゆる》されたと云《い》う実感を獲《う》るのである。

七月十四日の法語　懺悔《ざんげ》によって赦《ゆる》されよ

「赦《ゆる》された」と云《い》う実感は、神と自分とを隔《へだ》てていた堤《つつみ》を取り去る事になり、其処《そこ》からして神の癒力《ゆりょく》が流れ入るのである。キリストの「汝《なんじ》の罪《つみ》はゆるされたり」の言葉が、よく難治《なんち》の病者《びょうしゃ》をいやしたのも此《こ》の理によるのである。悪は悪と気がついたとき、その罪は消えたのである。何故《なぜ》なら、悪が悪と気がつくとき、もう自分は一段上の境涯《きょうがい》に立って過去の自分を見ているからである。かかるとき、キリストは言った。「汝《なんじ》の罪ゆるされたり。去って再び罪を犯す勿《なか》れ」。

七月十五日の法語　神は遍満《へんまん》し給《たま》う

神の生命は海の水が海にみつるように宇宙に満《み》ちており、吾々《われわれ》の自分でつくった心の城壁《じょうへき》がくずれるとき、滾々《こんこん》と流れ入るのである。謙遜《けんそん》になれ、幼《おさ》な児《ご》の心になれ、我《が》を捨てよと云《い》うのも、心の城壁を取去《とりさ》って、神の愛と生命《いのち》とを流れ入らしめんがためである。「タオルを手拭《てぬぐい》かけに掛《か》けるように、私《わたくし》は私の生命《いのち》を神様にすっかりもたれかけさせました」と云《い》う心境になって胃癌《いがん》の治った体験談をした人があった。タオルは自分で空中に引っかかろうとはしない。全托《ぜんたく》である。

七月十六日の法語　神に対して戸を開け

神への全託《すべてまかせる》は、神へ一切《いっさい》をささげることである。神に生命をまかせることは、神に生命を与《あた》えたことである。与えたものが自分でその生命を取返《とりかえ》そうとするであろうか。与えたら与え切りであるから、神に主権《しゅけん》があるのであり、随《したが》って神がいやし給《たま》うのである。神は「我《わ》れ戸の外《そと》に立ちて叩《たた》く」と言いたまう。自分で、神にまかせまいとして、戸を閉《と》ざしている人はないか。そして癒《いや》されないと呟《つぶや》いている人はないか。神に与え切りにする人こそ癒《いや》されるのである。

七月十七日の法語　神と直通する道

神と人間とが直通する道は「信」である。「信」ずることなくして神にまかせることは出来ない。人間でも信じられたら、信じた人を裏切るようなことは滅多《めった》に出来るものではない。神におのが生命《いのち》を信じてまかせよ。それが、病気を癒《いや》すのみならず、すべて人間の運命をいやすのである。自然に内《うち》から導《みちび》くところの順序をもって運命はいやされて来るであろう。あるときは冬《ふゆ》枯《が》れのように見えることもあるであろう。しかし冬枯れの中に一陽来復《いちようらいふく》時《じ》の鬱勃《うつぼつ》たる新芽《しんめ》が宿《やど》る。

七月十八日の法語　すべては霊《れい》である

すべては生命《いのち》である。それは「活力」と言っても好《よ》い。全《すべ》ては「活力」である。エネルギーである。それはただ盲目的《もうもくてき》なエネルギーではない。雪の結晶《けっしょう》が六角の美しい花模様《はなもよう》をしながら、その一つ一つを悉《ことごと》く異《こと》なる図案に造《つく》っている如《ごと》き智慧《ちえ》ある活力である。智慧《ちえ》ある活力を称《しょう》して「生命《せいめい》」と云《い》う。雪と云《い》う無機物《むきぶつ》をさえ「生命」は造ったのである。それは「生命」の現れである。物質及《およ》び肉体は「生命」の低い段階の現れである。霊魂《れいこん》は「生命」の高い段階の現れである。

七月十九日の法語　霊《れい》は物質を支配す

生命の高い段階のあらわれである霊《れい》が生命の低い段階のあらわれである物質及《およ》び肉体を支配し得るのは当然である。霊が肉体に宿《やど》るとき、それはただの物質の物理化学変化以上に、有目的《ゆうもくてき》に変形しはじめる。ただ食品を積み重ねて置《お》いても、それは腐敗《ふはい》分解の化学的変化を来《きた》すばかりだが、それに霊が宿るとき、その物質は「生命体」と変化して動き出すのである。実は腐敗と見える現象《げんしょう》も、バクテリヤや蛆虫《うじむし》などの霊が物質を支配しつつあるのである。

七月二十日の法語　黴菌《ばいきん》の使命《しめい》

黴菌《ばいきん》にまけると思う人があるが、黴菌は人間を害するものではないのである。神の「一」なる生命より分派《ぶんぱ》せる一切《いっさい》の生物は、その本来の相《すがた》に於《お》いてはすべて生《い》かし合いであり、殺し合いではないのである。だいたい黴菌は植物であるが、植物は動物に捕食《ほしょく》される（或《あ》る分量を提供する）かわりに、その繁殖《はんしょく》、播種移動《はしゅいどう》等《とう》を動物にさせて貰《もら》うところの生命の一群である。それはかくの如《ごと》くつくられているのであって、捕食されることは苦痛ではなくてその使命《しめい》である。

七月二十一日の法語　争闘《そうとう》の世界観を捨てよ

かくて黴菌《ばいきん》は何らかの益《えき》を動物に与《あた》えるために造《つく》られたものであるが、それが人間に害を与えるかの如《ごと》くあらわれるのは、人間の自覚が「一」を失って自己分裂《ぶんれつ》し「争《そう》闘《とう》」の世界観をもっているために、争闘の精神が、低い階級の生命（黴菌）に反映《はんえい》して、人間と黴菌との戦いとなってあらわれるのである。人間が万物《ばんぶつ》の霊長《れいちょう》であることが判《わか》れば、人間が闘争の世界観を捨てたとき、そして一切《いっさい》調和の世界観をもったとき、黴菌の性質は一変して、本来の有益《ゆうえき》な黴菌となる。

七月二十二日の法語　生長の家と科学

生長の家は科学を否定しない。寧《むし》ろ精神と物質との間に科学的法則を見出《みいだ》す。だから精神科学といわれる所以《ゆえん》である。今迄《いままで》は物質と物質の間のみに法則を見出して、精神と物質との間に相互《そうご》の因果《いんが》関係があると云《い》う事が忘れられていた。物質の法則の上に精神の法則の優位があるのは、ただの物理化学的法則以上にそれに精神が働きかけた時、物質はただの物質ではなく肉体となり、霊妙《れいみょう》なはたらきを現し、自然の物理化学的変化を有意志《ゆういし》の変化にかえて了《しま》うのである。

七月二十三日の法語　法則とは何ぞや

法則とは物理化学の法則でも、精神の法則でも、神のはたらきの「道」である。かかる「道」を通って、霊《れい》が、生命が、はたらくのである。霊が、生命が、創造力《そうぞうりょく》が、働くところの「道」「方法」を知らないときに吾々《われわれ》は生命の創造力の「道」に邪魔物《じゃまもの》を、知らず識《し》らず置くことになる。そこに生命の創造力は閉《と》ざされ、病気を生《しょう》じ、不幸を生じ、禍《わざわい》を生《しょう》ずることになる。科学とはかくの如《ごと》き「道」を発見して、生命の創造力を豊かに流露《るろ》せしめんがためのものである。

七月二十四日の法語　二つの法則

人生には、精神の道と、肉体の道とが互《たが》いに縄《なわ》のように交《まじ》わりながら進んでいる。吾々《われわれ》は心の法則の中にも住んでいるし、物質の法則の中にも住んでいるのである。毒物《どくぶつ》（本来食物《しょくもつ》として創造《つく》られていない物の意であって、それは他の用途《ようと》に使えば害《がい》物《ぶつ》ではない。本来害物は何もない）を食《しょく》すれば胃腸を害し消化力を減《げん》ずるのは物質の法則によるのであるが、心配したり、腹立《はらだ》ったり、不快な思いをしながら食べるとき胃腸を害し、消化力がにぶるのは心の法則によるのである。

七月二十五日の法語　適時《てきじ》、適所《てきしょ》、適人《てきじん》

生長の家は毒物《どくぶつ》を食《しょく》しながら、心で「これは毒物でない、栄養食品である」と思念《しねん》しながら食べたら、毒が変じて栄養となると云《い》うのではない。心が完全に働けば、本来食物《しょくもつ》でない物（毒物と仮に称《しょう》す）を食べなくなるのである。そして食物の分量や質の配置なども適当となり、すべてがあるべきところにあるように適当におかれると云《い》うのである。神の創造《そうぞう》には、一物《いちもつ》も「悪い物」はないのであって、悪く見えるのは、それを置く場所と時と人とが適当でないからにすぎない。

七月二十六日の法語　神に於《お》いては無法則

神は決して「法則」と云《い》うようなもので自縄自縛《じじょうじばく》されてい給《たま》うような方《かた》ではない。その意味に於《お》いて、神自身から言えば、「無法則」である。しかし、神はその創造《そうぞう》活

動があらゆる方面において調和し、秩序《ちつじょ》だっているから、それを人間の方《ほう》から見ると、神の創造は「法則」と云《い》う「道」を通って行われるように見えるのである。精神の法則も、物質の法則も「一《ひとつ》」の神の調和した創造の二面であるから、互《たが》いに調和しているのである。不調和に見えるのは観察が足らぬのである。

七月二十七日の法語　行く処《ところ》必ず安全

爆弾《ばくだん》に中《あた》っても死なないと云《い》うのは神の法則の自己破壊《はかい》であって、そんな事が尊《とうと》いのではない。爆弾の中《あた》らぬような所へ、自然に、心の働きで、自分の身体《からだ》が往《い》っている事が、心の法則と物質の法則との調和である。毒を飲んでも死なぬのではなく、毒など自然に飲まなくなる事が、心の法則と物質の法則との調和である。天災地変《てんさいちへん》や汽《き》車《しゃ》の顚覆《てんぷく》が起こっても大丈夫《だいじょうぶ》と云《い》うのではなく、天災地変や汽車の顚覆の所などへ立ち寄らぬ様《よう》になるのが心の法則と物質の法則との調和である。

七月二十八日の法語　観念《かんねん》と創造《そうぞう》

観念法門《かんねんほうもん》と云《い》うのがある。観仏《かんぶつ》、念仏《ねんぶつ》の宗教であり、浄土宗《じょうどしゅう》や真宗《しんしゅう》がそれである。仏を観《かん》ずる事によって自己が仏となり、仏を念《ねん》ずる事によって自己が仏と同体《どうたい》になると云《い》う宗教である。「観《み》る」ことは「創造《つく》る」ことであり、念ずることは又創造《またつく》る事である。心にある形を観《み》、心にある相《すがた》を念ずる、これを「観念」又は「コトバ」と云《い》う。宇宙は神が、自己の心にある形を観《み》、ある相《そう》を念ずることによってそれが具象化《ぐしょうか》したのである。されば一切《いっさい》のものは観念の創造《そうぞう》であると云《い》える。

七月二十九日の法語　超個人的《ちょうこじんてき》精神上の観念《かんねん》

バークレーは、物は本来ないのであって、それは心が知覚するからあるので、物とは個人の知覚の表象《ひょうしょう》（かたちにあらわれたる）にすぎないと言った。併《しか》しこれでは個々別々の人が、一様《いちよう》に薔薇《ばら》の花を薔薇の花と見、百合《ゆり》の花を百合の花と見るところの知覚の一致《いっち》が説明出来ない。そこですべての人に薔薇《ばら》の花が薔薇の花と見える根拠《こんきょ》として、個人を超越《ちょうえつ》して一切《いっさい》個人を包含《ほうがん》して、薔薇の花を薔薇の花と見る原理となるべき、超個人《ちょうこじん》的《てき》精神上の観念《かんねん》（こころのすがた）のある事を予想しなければならぬ。

七月三十日の法語　実相《じっそう》円満の相《すがた》を見よ

この超個人的《ちょうこじんてき》精神こそは神であって、すべての存在は、神の心の上に思い浮《う》かべられたところの観念《かんねん》であり、神のコトバであると言うのである。神の心中《こころのなか》の観念はあらわれて一切《いっさい》の真象《しんしょう》となる。これは実相《じっそう》円満なる相《すがた》である。併《しか》し、個人的精神は、この真象《しんしょう》をそのままに見ず、迷《まよ》ってこれを不完全に見る、これを迷いと言い妄想《もうぞう》と言う。一切の現象《げんしょう》は、ここに真象と偽象《ぎしょう》との混淆《こんこう》したすがたとなってあらわれ、健康と病気と幸福と不幸と、交々相混《こもごもあいこん》じてあらわれる。

七月三十一日の法語　何故《なぜ》迷《まよ》いが出来るか

何故《なぜ》、人間が実相《じっそう》の円満その儘《まま》の相《すがた》を見得《みえ》ないのであるか。それは人間がまだ幼いからである。幼児は大人のすべての働きを見る事が出来ない如《ごと》く、神の子である人間も、神の創造《そうぞう》の一局部しか見る事が出来ない。心一所《こころひとところ》にとどまりて全相《ぜんそう》を把握《はあく》する事が出来ない。よってみだりに想像して、心に別の姿を描《えが》く、その描かれたる観念《かんねん》が、実相（真象《しんしょう》）の表面を蔽《おお》って、丁度《ちょうど》、満月に雲がかかったように、実相円満の相《そう》を晦《くら》ます。これを迷《まよ》いと言うのである。軈《やが》て神の子人間の霊魂《れいこん》が向上した時、実相を見るのである。

八月の法語

人間は神の自己実現

八月一日の法語　健康と祥福《しょうふく》は万人倶有《ばんにんぐゆう》

誰でも皆《みな》、最善の健康と最善の祥福《しょうふく》とを楽しむことが出来るのである。何故《なぜ》なら人間は皆神の子であるからである。それが出来ないのは、神の子たる実相《じっそう》を自覚しないか、神の子たる生活を生活しないからである。健康と祥福《しょうふく》とは、特別に或《あ》る人にのみ与えられたる恩恵《おんけい》ではない。眼《め》をひらいて天地《てんち》の真相を見よ。そこに光かがやく光明《こうみょう》の世界を見出《みいだ》すであろう。眼を開いて自己生命の実相が「神の子・円満完全」であることを見よ。病《やま》いや不幸に心の眼を振《ふ》り向《む》けても光は見えない。

八月二日の法語　物質の原因は心である

原因あって結果来《きた》る。精神科学も物質科学も同様《どうよう》である。物質科学は物質にのみ原因をもとめるが、吾《われ》らは、その物質は如何《いか》にして生《しょう》じたるかを追及《ついきゅう》し、それがエネルギーの波動《はどう》であることを明らかにし、そのエネルギーの波動は、智慧《ちえ》あり秩序《ちつじょ》あるエネルギーの波動であることを明らかにし、智慧あり秩序あるエネルギーとは、物質的なるものではなく、心的なるものであることを明らかにし、心によって、物質の変化することを明らかにし、心によって健康と運命とを支配するのである。

八月三日の法語　心の中の複雑混迷《こんめい》

精神科学の研究家は、病気の大部分は殆《ほとん》どすべて心に根源《こんげん》を発し、心によって病《や》み、心によって癒《いや》される事を知る。併《しか》しながら、それは決して、「病気になる」と思ったから病気になり、単に「病気は無い」と思ったから治ると云《い》う様《よう》な単純なものではない。病気なんて一切《いっさい》考えないのに病気になった人もあり、心はその儘《まま》で薬剤《やくざい》で一時《いちじ》治る人もある。人間の心の内部にはもっと複雑な混輻輳《コンプレックス》があるのである。この混雑輻輳《こんざつふくそう》極まりなき心の解剖《かいぼう》とその浄化《じょうか》こそ真に癒《いや》す道である。

八月四日の法語　病気の種《たね》と土壌《どじょう》

病気のもとは、概《おおむ》ね複雑なる感情の抑圧《よくあつ》から来る。恐怖《きょうふ》、不安、嫉妬《しっと》、憤怒《ふんぬ》、悲哀《ひあい》、貪欲《どんよく》、惜《お》しみ、憎《にく》み、口惜《くや》しさなどが心の中にほどかれないで残っているのが原因である。子供の時の心的印象や、親からの衛生《えいせい》思想や、社会全般の通念《つうねん》や、そんなものが種子《たね》となり、その時その時の感情の混雑《こんざつ》がその種子《たね》を培《つちか》う土壌《どじょう》となって発芽《はつが》する。友人の話や、家族親戚《しんせき》などの噂《うわさ》などが肥料となることもある。時とすると通俗《つうぞく》医学書の病気の露骨《ろこつ》不快な説明も病気発芽の促進剤《そくしんざい》となる。

八月五日の法語　形の病気は内部の動揺《どうよう》の影《かげ》

時とすれば、新聞広告にある栄養剤《えいようざい》の広告や症状《しょうじょう》の説明やが、知らず識《し》らず「病気」の観念《かんねん》を植《う》えつけて病気を起こす事もある。健康に対する注意を与《あた》えられて、その注意が却《かえ》って病気の恐怖《きょうふ》を植え付ける事もある。植え付けられた病念《びょうねん》の種子《たね》が、形の世界に芽《め》を出して病気となるのである。形の病気は内部的心の動揺《どうよう》の影《かげ》である事が多い。名医にかかるとか、舶来《はくらい》の新薬とかを用《もち》いると、その事による注意の転換《てんかん》と安心とが、内部的心の動揺を一時《いちじ》しずめて病気を癒《なお》す事もある。

八月六日の法語　外部治療《ちりょう》の効果は

如何《いか》なる外部治療《ちりょう》も、根本的に其《そ》の人の内部精神の不安動揺《どうよう》その他の混輻輳《コンプレックス》を治療する事は出来ない。ただ内部精神の混乱より来る結果を修正するのである。その修正だけでも尊《とうと》い事であるから医術を攻撃《こうげき》する事も非難する事も要《い》らない。ただ医術に信《しん》頼《らい》するのあまり、内部精神の混乱動揺をそのまま解決しないで置《お》く事が悪いのである。医術で結果を修正せられて、一時《いちじ》病気が去った様《よう》に見えながら、又《また》再発するのは、心の中にある病的種子《しゅし》が根本《こんぽん》から抜《ぬ》き取《と》られていないからだ。

八月七日の法語　神とは何ぞや

物理学者や天文学者の研究が発見したところでは、物理や天文の世界を支配しているものは数学的法則であって、滅裂出鱈目《めつれつでたらめ》のものではないと云《い》う事である。物質の世界や天体の世界が、法則なき雑然とした滅多矢鱈《めったやたら》に成立《なりた》っているものならば、それは偶然《ぐうぜん》の出鱈目《でたらめ》の産物《さんぶつ》だと言い得るであろうが、数学的法則でそれが成立っている事を知るならば物質や天体を構造《こうぞう》せしむるに到《いた》った力は余程《よほど》数学的知性をもったエネルギーだと言わねばならないのである。叡智《えいち》を有する不可思議力《ふかしぎりょく》を神と言う。

八月八日の法語　法則は神の顕現《けんげん》

人間の頭脳が、自然を研究するに従ってそれを支配する法則が段々徐々《じょじょ》にわかるのであれば、自然を構造《こうぞう》したところの知性（神）は、吾々《われわれ》人間の頭脳知よりも遙《はる》かに発達した知性であると言わなければならない。「神」と言うと迷信《めいしん》くさく思う人があるが、「法則」と言えば、科学者も信仰《しんこう》しているものである。『甘露《かんろ》の法雨《ほうう》』には、神の事を「宇宙を貫《つらぬ》く法則」と書かれている。すべての事物《じぶつ》は法則によって支配されている。併《しか》し法則をば必ずしも「物質法則」に限る必要はない。

八月九日の法語　自働《じどう》装置は誰が造《つく》ったか

植物の向日性《こうじつせい》や、同化作用や、呼吸作用はいずれも化学的法則に支配されている。日光を受けて光の方向を向くのは日光に刺激《しげき》されてアウクシンと云《い》う物質が出来る為《ため》であってそれは物理化学的な反応で、精神などの働きによるものではないと唯物論者《ゆいぶつろんしゃ》は言うけれども、日光を受ければアウクシンと云《い》う物質を生《しょう》ずるような微妙《びみょう》な構造《こうぞう》を作り、その微少量《びしょうりょう》の物質の作用によって光へ自働的《じどうてき》に向く様《よう》な構造を造《つく》るのは中々《なかなか》偶然《ぐうぜん》に出来るものではない。造《つく》り主《ぬし》の智慧《ちえ》を必要とする。

八月十日の法語　此《こ》の微妙《びみょう》な構造《こうぞう》は誰の働き

智慧《ちえ》ある造《つく》り主《ぬし》――これを吾々《われわれ》は神と称《しょう》するのである。天体の運行にしても吾々《われわれ》の地球がもう半分の遅《おそ》さで自転するならば、地球の半面は熱すぎ、他面は寒すぎて生物は生存し得ない。地軸《ちじく》の傾斜《けいしゃ》が無いとすれば現在の温帯地方に氷山が浮《う》かんでいて吾《われ》等《ら》は生存し得なくなると云《い》うことである。ほんの微妙《びみょう》な相違《そうい》を寸分間違《すんぶんまちが》いなく構造《こうぞう》した知性を吾々《われわれ》は「偶然《ぐうぜん》」と称することは出来ない。人間の神経組織《そしき》、心臓《しんぞう》のポンプ式構造が毛細血管につづいて栄養や排泄《はいせつ》を行う微妙な構造は叡智《えいち》ある設計者なしに構造せられる筈《はず》がない。

八月十一日の法語　宇宙の知性と人間との関係

兎《と》も角《かく》、宇宙すべての物の背後に宇宙の知性（法則）が存在する事が分《わか》った筈《はず》である。この宇宙の知性を神と言う。では、宇宙の知性と「人間」との関係や如何《いかん》と云《い》う問題になる。この問題を解決すれば、人間の病気や不幸の問題も解決される事になるのである。そんなにも微妙《びみょう》な構造《こうぞう》の人体諸器官《しょきかん》の組織《そしき》を造《つく》った宇宙の知性が、何故《なぜ》、現在吾々《われわれ》の肉体の諸器官の欠陥《けっかん》を治す事が出来ないか。そんな筈《はず》はない。それが治らないのは、「宇宙の知性」に吾々《われわれ》が委《ゆだ》ねないからではないか。

八月十二日の法語　創造《そうぞう》は分化《ぶんか》と綜合《そうごう》

神の創造《そうぞう》は分化《ぶんか》と綜合《そうごう》との弁証法的《べんしょうほうてき》方法によって行われる。陰陽《いんよう》への分化は、絶対なる神の「自己限定」である。自己限定によってのみ「表現」は遂《と》げられるのである。画家は筆を揮《ふる》うこと自由自在にして何もそれを妨《さまた》げるものがなければ、「表現」は出来ないのである。画筆《がひつ》の運行に摩擦《まさつ》するところの画板《カンバス》あってはじめて絵をかき得るのである。摩擦は抵抗《ていこう》であり、制約である。体《からだ》は霊《れい》に対して抵抗であり、制約である。しかしその抵抗と制約とを通して霊は自己を表現する。

八月十三日の法語　霊《れい》と物質との関係

物質は、霊《れい》が自己表現の道具として、自己を制約する「自己限定」のものとして創《そう》造《ぞう》したところのものである。物質科学の進歩は、それ故《ゆえ》に、一面霊の進歩を退歩せしめる。物質科学に依存《いぞん》する事によって人々は霊感《れいかん》を失い、直感や予知能力を失いつつあるのは事実である。併《しか》し一面、霊は物質を通して自己を表現しつつあるのである。人体は無論《むろん》のこと、一枚の木《こ》の葉《は》、一葉《よう》の草の葉、一片の花びらに到《いた》るまで、霊は物質を通して自己の美と秩序《ちつじょ》と生命と智慧《ちえ》とを表現する。

八月十四日の法語　物質科学の目的

物質を研究する科学は、その研究が次第《しだい》に深くなるに随《したが》って、その奥《おく》に横たわる法則や秩序《ちつじょ》や、智慧《ちえ》なしには構造《こうぞう》することが出来ない微妙《びみょう》複雑なる構造に、驚異《きょうい》の眼《まなこ》をみはるに到《いた》り、此処《ここ》についに、物質の奥底《おくそこ》にあって一切《いっさい》のものを構造する本源者《ほんげんしゃ》「霊《れい》なる神」をみとめずにはいられなくなるのである。凡《およ》そ「法則」とは神が人間にわざと利用しやすきよう、常に普遍妥当《ふへんだとう》なる形においてあらわれたものであって、結局「法則」を研究する科学は神を研究することになるのである。

八月十五日の法語　微生物《びせいぶつ》と念《ねん》の感応《かんのう》

近頃《ちかごろ》、柴田酵素《しばたこうそ》や渡辺酵素《わたなべこうそ》で肥料を速成して、その施肥《せひ》効果により二倍増産三倍増産を得る事が可能であると説くものがある。実際試《こころ》みて何等《なんら》効果がなかったと言うものあり、効果著《いちじる》しかりしと言うものあり、批評《ひひょう》まちまちであって一定の結果を得ない。農事試験場では実験上効果なしとして一旦《いったん》否定したるも、此《こ》の種《しゅ》民間の評判《ひょうばん》高き故《ゆえ》、もう一度実験して見ると云《い》うことである。酵素は微生物《びせいぶつ》の生産物である。微生物は人間の念《ねん》に感応《かんのう》し易《やす》い。念によって効果を異《こと》にするは当然である。

八月十六日の法語　斯《か》く心は病菌《びょうきん》に作用す

嘗《かつ》て、千葉大医科と、慶応大医科とで、チフス菌《きん》は鼠《ねずみ》の腸内にて殺菌消化されて形を止《とど》めなくなると言い、一方は然《しか》らずと言い、両大学にて各々《おのおの》実験を行《おこな》い、両方とも自己の主張する通りの実験の結果を得、孰《いず》れにも勝敗決せずして物別《ものわか》れになった事がある。同一程度の重症《じゅうしょう》の結核患者《けっかくかんじゃ》で、一方は暗く悲哀《ひあい》と絶望の精神をもち、他方は明るく楽天的なる精神をもったとせよ。明るき楽天的なる精神の者は快方に向かい、悲哀と絶望に沈《しず》みたる者の結核菌は益々《ますます》繁殖《ぞうしょく》して病《やま》いは増悪《ぞうあく》する。

八月十七日の法語　陽《よう》と陰《いん》と愛と智慧《ちえ》と

一つの神分化《ぶんか》して陽陰《よういん》となり、陽陰互《たが》いに相結《あいむす》んで万物《ばんぶつ》を生《しょう》ずるは、分化と綜合《そうごう》である。愛は陽にして暖《あたた》かく智慧《ちえ》は陰にして冷酷《れいこく》に審判《さば》く。愛は善悪を共に包容《ほうよう》して赦《ゆる》さんとし、智慧《ちえ》は善悪をあざやかに分けて敢《あえ》て混同を許さない。愛はより多く女性の徳であり、智慧はより多く男性の徳である。愛の勝《すぐ》れたる人は温《あたた》かく見え、智慧の勝《すぐ》れたる人は冷たく見ゆ。然《しか》りと雖《いえど》も、愛のみの人もなく、智慧のみの人もない。陽（愛）と陰（智慧）と「一」より分化して又合《またがっ》して無数の変化《バラエティ》を生ずる。

八月十八日の法語　人間性の無限の味

神は「一」より凡《あら》ゆる変化差別を生《しょう》ぜんが為《ため》に「一」より陽陰《よういん》、愛と智慧《ちえ》を分化《ぶんか》し、それを結《むす》び合わせて無数の配合《コンビネーション》を作ったのである。「一」より二生《しょう》じ、二より四生じ、四より八生じ、八より十六生じ、十六より三十二生じ、三十二より六十四生ず……かくの如《ごと》くして無限に一切《いっさい》のものは発展するが故《ゆえ》に、全《すべ》ての人間も単に「愛に強き人」とか「義に強き人」とか概括《がいかつ》して言うことは出来ない。愛に強き人のうちにも、不思議に「義に強き人」あり、その人間味まことに掬《きく》すべき哉《かな》。

八月十九日の法語　一神にして陽陰《よういん》二神なり

神はかく分化《ぶんか》と綜合《そうごう》とによって万物《ばんぶつ》を創造《つく》り給《たま》う。故《ゆえ》に、神は「唯一神《ゆいいつしん》」又《また》は「絶《ぜっ》対者《たいしゃ》」であり給《たま》うと同時に、その創造《そうぞう》にあたっては陽陰《よういん》に分化して創造せざるを得ない。それ故、神は絶対神《ぜったいしん》にして同時に陽神《ようしん》なり、イザナギなり。同時に陰神《いんしん》なり、イザナミなり。イザナギとイザナミと相結《あいむす》んで万物生《しょう》ず。女性の肉体は柔《やわら》かく骨を包《つつ》んで露骨《ろこつ》に現さず内《うち》に陰《かく》すは「陰《いん》」なり。併《しか》しその内性《ないせい》の「愛」は温《あたた》かき故《ゆえ》「陽」なり。女性は外陰《がいいん》・内陽《ないよう》。陰のみの者なし、陽のみの者なし。

八月二十日の法語　人間は神の自己実現

人間が神の自己実現であることは、直覚認識によって知ることが出来るのである。

『法華経《ほけきょう》』にある「仏と仏とのみよく諸法実相《しょほうじっそう》を究尽《ぐうじん》したまえり」であり、『正法眼蔵《しょうぼうげんぞう》』にある「仏ほとけに伝えてよこしまなることなき」である。天地普遍《てんちふへん》の仏の生命《いのち》と、自己にやどる仏の生命《いのち》と、カチカチ触《ふ》れ合《あ》う底《てい》の直接覚《かく》によって、われ神の自己実現なりとわかるのである。これによってキリストはみずから神の子なりと言い、これによって釈迦牟尼仏《しゃかむにぶつ》は「天上天下唯我独尊《てんじょうてんがゆいがどくそん》」と説いたのである。

八月二十一日の法語　神は五感も六感も超越《ちょうえつ》せり

「神は五感を超越《ちょうえつ》している、六感も超越している」と『甘露《かんろ》の法雨《ほうう》』は説く。五感とは眼耳鼻舌身《めみみはなしたからだ》の五つの感覚である。感覚そのもので神はわからないが感覚を契機《けいき》として、感覚以上のものに超入《ちょうにゅう》することは出来るのである。感覚を通して天地万物《てんちばんぶつ》、生理作用等《とう》の秩序整然《ちつじょせいぜん》たる運行等を見て、その奥《おく》に神あると悟《さと》るは是甚《これはなは》だよしである。六感とは霊眼《れいがん》、霊聴《れいちょう》、霊臭《れいしゅう》、霊味《れいみ》、霊触《れいしょく》の如《ごと》きものであって、普通《ふつう》の感覚器官《きかん》以外の方法にて、視《み》、聴《き》き、嗅《か》ぎ、味わい、触覚《しょっかく》する如《ごと》きものである。

八月二十二日の法語　無相《むそう》にして無限相《むげんそう》

霊眼《れいがん》で白髪《はくはつ》の老翁《ろうおう》の神姿《かみのすがた》を見たとか、霊触《れいしょく》で神の衣《ころも》に触《ふ》れたとか云《い》う如《ごと》きを六感と言うのであるが、これは神そのものを見たのではなく、神の化身《けしん》を見たに過ぎない。神は、かくの如《ごと》き六感を超《こ》えた存在であり、相形《すがたかたち》なくして、一切《いっさい》の相《すがた》を現《げん》ずるのである。これを無相《むそう》にして無限相《むげんそう》と呼ぶ。吾々《われわれ》も神の自己顕現《けんげん》である以上、無相にして無限相を顕《けん》ずる事を心掛《こころが》けなければならない。無相とは一つの形に執《しゅう》しない事である。一切の形式を心から放《はな》って自由自在になる事である。

八月二十三日の法語　容貌《ようぼう》を美しくするには

ロックフェラー研究所の外科医長カレル博士《はくし》は言う、「容貌《ようぼう》の特徴《とくちょう》は、皮膚《ひふ》の下の脂肪《しぼう》の中で動く筋肉の状態で定まる。是等《これら》の筋肉の状態は吾々《われわれ》の思想感情の状態によって定まる。人は各々《おのおの》望み通りの顔附《かおつき》表情をする事が出来る。けれども其《そ》の顔附、表情をば永久に被《かぶ》っているわけには行かない。併《しか》し、吾々《われわれ》の知らない間に吾々《われわれ》の顔附は心の状態によって少しずつ作られて行くのであり、年をとるにつれて益々《ますます》はっきりと人間全体の感情や欲望や希望一切《いっさい》の看板の様《よう》になる」と。

八月二十四日の法語　心に化粧《けしょう》せよ

誰でも容貌《ようぼう》の美を希《ねが》わない者はないであろう。顔は吾々《われわれ》の心の鏡《かがみ》である。白粉《おしろい》でいくら塗《ぬ》っても、その精神の下劣《げれつ》さは隠《かく》す事は出来ない。「顔は精神の活動よりも、もっと深いものを現す。人間の顔には、その人間の悪徳《あくとく》や、美徳《びとく》や、理性や、知識や、愚《おろ》かさや、感情や、最も隠された性癖《せいへき》や、さらにその上に全肉体の構造《こうぞう》や、質や、生理的、心理的病気の傾向《けいこう》までも現れる」とカレル博士は更《さら》に言っている。誰も隠す事は出来ないのである。天知《し》る、地知る、自分知るである。

八月二十五日の法語　この複雑な機構《きこう》が偶然《ぐうぜん》に出来たか

生きている組織《そしき》の一片を人工培養《ばいよう》するには其《そ》の大きさの二千倍に相当する分量の液体を以《も》ってしなければ、数日中にその組織は自分の排泄物《はいせつぶつ》だけで中毒して死する。人体の細胞《さいぼう》を自然の生《い》ける肉体構造《こうぞう》でなく人工培養するには二十万リットルの培養液を与《あた》えねばならない。人体の全細胞を養《やしな》うに、二十万リットルの液体を使わず、僅《わず》か七、八リットルの体液で養い得るは、実にその構造が人工培養では迚《とて》もなし得ぬ複雑な組織で体液を循環《じゅんかん》せしめ細胞を浄化《じょうか》しているからである。

八月二十六日の法語　眼《め》の複雑なる構造《こうぞう》を見よ

仮《か》りに人間の視覚器官《きかん》の複雑さを見よ。生命は皮膚《ひふ》の一片を改造してそれを光を透《とう》過《か》し得る透明《とうめい》な膜《まく》と変化し、別に硝子体《しょうしたい》や水晶体《すいしょうたい》を造《つく》り、光を屈折《くっせつ》して、それを又《また》別に作った網膜上《もうまくじょう》に映像《えいぞう》の焦点《しょうてん》を結《むす》ぶ様《よう》に、水晶体を距離《きょり》の関係でその度を変化し得る様な伸縮《しんしゅく》自在のものとしたのである。これが偶然《ぐうぜん》に眼《め》の透明な膜が出来、別に偶然に水晶体が出来、別に偶然に網膜が出来たのならば、それは別々に孤立《こりつ》していて、互《たが》いに連関《れんかん》して一個の視覚を構成する器官とはなり得ないのである。

八月二十七日の法語　精神活動の統一と健康

人間が健康になるには喜んで働く事である。「自分の活動を正確に目的の方向に向ける時吾々《われわれ》の心理的・生理的機能は、最も完全に調和を来《きた》すのである」とアレキシス・カレル博士《はくし》も言っている。又《また》博士は「精神活動の統一は、内臓《ないぞう》や神経機能のより以上の調和を齎《もたら》すものである」とも言う。病床《びょうしょう》にいて仕事もなく、あれを考え、これを憂《うれ》え、精神活動に何の統一も集中もなく、ただ病気の悪くなる事のみを心に描《えが》いて心配している様《よう》な生活が病気に悪いのは勿論《もちろん》である。

八月二十八日の法語　精神は肉体を解剖的《かいぼうてき》にも変化す

精神は精神、肉体は肉体だと別々に考えて肉体のみの治療《ちりょう》を心掛《こころが》けている人があるが、カレル博士《はくし》の「或《あ》る種の精神活動は時として組織《そしき》や器官《きかん》に解剖的《かいぼうてき》な機能的な変化を伴《ともな》う事がある」と云《い》う学説を知れば反省して好《よ》い。博士は世界中最完全の設備を有するロックフェラー医学研究所の外科医長として凡《あら》ゆる方面から人間を解剖して研究した人だからだ。生長の家では特殊《とくしゅ》な精神的悲しみの累積《るいせき》が腎臓結核《じんぞうけっかく》を起こす事を、其《そ》の悲しみを解剖する事によって治癒《ちゆ》せしめて実証した。

八月二十九日の法語　祈りと健康との関係

カレル博士《はくし》は肉体に解剖的《かいぼうてき》な結果を引起《ひきお》こすところの精神状態の一種として「祈

り」の精神状態を指摘《してき》している。博士は「それは哲学者や科学者には分かりもしないし、達することも出来ないが、心の純な人は、神をまるで太陽の熱や、友達の友情の如《ごと》く容易《たやす》く感ずることが出来る」と言っている。特に博士が指摘した健康を改善する祈りは「先《ま》ず全《まった》く捨我《しゃが》、我執《がしゅう》なき状態たる事を要する」。自分の病気を癒《いや》し給《たま》えと祈る祈りよりも他の人々の為《ため》に禱《いの》る祈りが効果を現すのである。

八月三十日の法語　吾《われ》の祈りは神に通ず

カレル博士《はくし》は言う、「総じて祈る人は、自己が治癒《ちゆ》することを願うものではない。祈る人は他の人々のために祈る。この種の祈りは、その条件として自分を抛擲《ほうてき》することと、即《すなわ》ち一種の禁欲《きんよく》、没我《ぼつが》の高い精神を要する。謙遜《けんそん》な人々、無知な人々、貧《まず》しき人人は、富《と》める人々や、知識ある人々よりも、その可能性が一層《いっそう》ある。禱《いの》りが時として奇蹟《きせき》を起こすのは斯《こ》う云《い》う訳《わけ》である」と。自分の病気の癒《い》える事を常に念《ねん》ずる者は病《やま》いを心に描《えが》くから却《かえ》って癒《い》えないのである。

八月三十一日の法語　拝《おが》む者のみ拝まれる

文殊菩薩《もんじゅぼさつ》が維摩居士《ゆいまこじ》を訪ねたときに、維摩《ゆいま》は「あなたは色々の仏の国土へ神通力《じんずうりき》で自在においでになりましたが好上妙《こうじょうみょう》の功徳《くどく》を成就《じょうじゅ》せる仏国土《ぶっこくど》は何処《どこ》ですか」と問うた。文殊菩薩《もんじゅぼさつ》は答えて「東方《とうほう》に須弥相国《しゅみそうこく》というのがあり、その国の仏を須弥燈王如来《しゅみとうおうにょらい》と言い、身長《みのたけ》八万四千由旬《ゆじゅん》あり、その獅子座《ししざ》は高さ八万四千由旬《ゆじゅん》で実に素晴《すば》しいものです」と言った。維摩はこの時、自分の室《へや》に、この広大なる獅子座を来入《らいにゅう》せしめた。維摩の方丈《ほうじょう》（一丈四方《しほう》）の室中《しつなか》に八万四千由旬《ゆじゅん》（一由旬は九哩《マイル》）の獅子座が入《はい》る事が出来たのは、自己の中に一切《いっさい》世界が存在する真理の象徴《しょうちょう》である。

九月の法語

大生命の歓喜

九月一日の法語　智慧《ちえ》と愛と美

生命の本質は智慧《ちえ》であり、愛であり、美である。智慧《ちえ》と愛と美との表現が生命の根本的衝動《しょうどう》であるのである。雪の一片一片の結晶《けっしょう》にも、名もない小草《おぐさ》の一枚の葉にも不思議なる智慧と愛と美とが表現されているのである。生命は普遍《ふへん》である。普遍とは何処《どこ》にも行きわたっている「一」つの存在であると云《い》う事である。アメリカに生《しょう》じた禾本科《かほんか》の植物もアジアに生じたる禾本科《かほんか》の植物も同様《どうよう》の構造《こうぞう》をもっている。アメリカ人も日本人も其《そ》の生理的構成は等《ひと》しい。全《すべ》て兄弟である。

九月二日の法語　普遍《ふへん》とその個体化《こたいか》

普遍《ふへん》にして無限なる「一」の生命は如何《いか》にして自己内在《ないざい》の智慧《ちえ》と愛と美とを表現するかと云《い》えば、普遍にして無限に行きわたるものは自己をそのままでは表現することは出来ない。普遍なるもの、無限なるものは見えないからである。表現は何らかの意味に於《お》いて形象化《けいしょうか》しなければならない。形象化するためには無限が有限にならなければならない。普遍者が個別となり、無限者が有限者となるのは自己限定である。自己限定を通じて神は自己を表現したのである。

九月三日の法語　有限にして無限

人間は普遍《ふへん》なる生命が具象化《ぐしょうか》し、個別化したものである。それは形に於《お》いては有限であり、個別であるけれども、本質に於《お》いては普遍であり、無限である。果《はた》して然《しか》らば吾《われ》らは形に於《お》いては有限であっても、その有限の中に無限を表現し得ないことはない。人間を地球に生《は》えたカビの様《よう》に思って其《そ》の弱小《じゃくしょう》を嘆《なげ》くなかれ、人間は地球に生《は》えたカビ以上のものである。また「考える葦《あし》」でもない。人間は無限である。人間は普遍なる神の智慧《ちえ》と美が最高に表現されたものである。

九月四日の法語　個は如何《いか》にして表現されるか

普遍《ふへん》が個別によって表現される場合、個別が個別たり得ることは、彼が他と区別されることによってである。他と区別されることとなければ、何物《なにもの》も表現されないのである。牡丹《ぼたん》の花が美しく見えるのは、周囲の空気に対して区別されているからである。若《も》し牡丹《ぼたん》の花が空気色をしていて他と全然区別されないようであるならば、そこには牡丹の花は存在しないのである。普遍は個別によって表現され、個別は他と区別することによって表現を完《まっと》うする。此処《ここ》に個性の意義《いぎ》がある。

九月五日の法語　個別者の相互《そうご》関係

個別は他と区別される事によって表現されるのであるが、ただ区別されるだけでは表現されるものではない。個別されたる者と、他の個別されたるものとの相互関係《たがいのかんけい》がなければそれは他からは認められ様《よう》がないから、折角《せっかく》、個別化されたものも表現を完《まっと》うする事が出来ない。個別者と他の個別者との相互《そうご》関係は如何《いか》にして可能であるか。全然彼《かれ》と是《これ》とが別物である場合は、相互関係はあり得ない。個別者が互《たが》いに相互関係があるのは個別者は本来互いに一体であるからである。

九月六日の法語　そのままが完全円満

本来の自然になった時、生命は最も完全に発現《はつげん》する。愛が若《も》し自由意志による発現でなく、強制的に機械的に行わしめられるものであるならば、それは妓楼《ぎろう》の主人に強制されて愛を売る売笑婦《ばいしょうふ》のそれになってしまう。愛は自発的であるのが尊《とうと》いのだ。愛は自他一体の認識だ。個別者同士互《たが》いに「愛」の感情が起こるのは個別者は、互いに別物ではなく本来一体であるからである。また個別者が神に対して「愛」の感情が起こるのは、個別者は本来、全体者（神）から発した者だからだ。

九月七日の法語　人間に現れる美と荘厳《そうごん》

個別者（人間）が全体者（神）から発した者であるならば、神の完全円満さや美しさが個別者に現れない理由は本来あり得ないではないか。大自然の美や荘厳《そうごん》さは美しい花や巨大《きょだい》なる瀑布《ばくふ》や、渓谷《けいこく》や、滔々《とうとう》たる大河《たいが》の流れや、落日《らくじつ》などに表現されているのであるが、万物《ばんぶつ》の霊長《れいちょう》であり、神が自意識をもって顕現《けんげん》したところの「人間」なる神の表現に美や荘厳さが完全に表れ得ない道理はないのである。大自然における荘厳や美は自由選択《せんたく》をもっていない機械的荘厳と美である。

九月八日の法語　人間の荘厳《そうごん》と尊厳《そんげん》

人間のみが意識をもち、自由意志によって自己の美と荘厳《そうごん》と善と完全さを自分の選《せん》択《たく》によって表現することが出来る。爰《ここ》に人間は初めて神の最高完全なる顕現《けんげん》たるを得るのである。人間の自由とは、善なるを得ると同時に悪（善の否定）なるをも得る自由だとも言い得る。一方的に「善しか出来ない」と定められていたならばそれは一種の機械である。かくて人間は、悪（不健康等）をさえ表現し得る。併《しか》し、吾《われ》らは何もかかる否定的なものを選択する必要はないのである。

九月九日の法語　大生命の歓喜《かんき》

大生命は内《うち》に無限の可能性を包蔵《ほうぞう》し、外《そと》に機会ある毎《ごと》にその内蔵《ないぞう》する可能性を顕現《けんげん》しようとする。而《しか》して内にあるものが外に表現せられた時に歓《よろこ》びを感ずるのである。それは画家が自己の内にある美を絵に表現せられた時に歓《よろこ》びを感じ、音楽家が自己の内にある感情を音楽に表現せられた時に歓《よろこ》びを感じ、舞踊家《ぶようか》が自己の内にある生命の衝動《しょうどう》を舞踊に表現し得た時に喜びを感ずるのと同様《どうよう》である。大生命は森羅万象《しんらばんしょう》を自己に内在する美と感情と衝動とを表現せんが為《ため》に造《つく》った。

九月十日の法語　無限の生長と前進

かくて大生命の創造《そうぞう》は、大生命の歓喜《かんき》の爆発《ばくはつ》であるとも言える。大生命は内《うち》に無限を包蔵《ほうぞう》する故《ゆえ》に、その表現されるものは常に一層《いっそう》大きく、一層豊かに、一層美しきものであるほかはない。それは無限の生長であり、無限の前進である。時として過去に見出《みいだ》すことが出来ないところの全然新しいものを創造するのである。その新しき創造はつきることはないのである。大生命は無限の新しきものを内に包蔵する。その大生命が吾《われ》らのうちに流れ入って吾《われ》らの生命となっているのだ。

九月十一日の法語　新しきものの創造《そうぞう》

吾《われ》らの内《うち》に宿《やど》る生命は大生命の一部分であるが故《ゆえ》に、大生命と同じき本性《ほんせい》をもっている。それ故《ゆえ》に絶《た》えず新しきものを創造《そうぞう》する事に生命の歓喜《かんき》を感ずるのである。大生命は、吾々《われわれ》の一々の小生命を、創造の各々《おのおの》の中心として、その各々の中心に於《お》いて新しきものを表現し、創造せしめる。吾々《われわれ》は各々創造の中心として新しきものの表現に創造に歓喜を感ずる。新しく伸《の》びないもの、新しく創造しない小生命は、大生命に歓《よろこ》ばれることは出来ない。それは大生命のバックを受けられない。

九月十二日の法語　沈滞《ちんたい》と頽廃《たいはい》との原因

大生命の援護《バック》を受けられないものは、新しく生命の補給を大生命（神）から受ける事は出来ない。かかる小生命は沈滞《ちんたい》し頽廃《たいはい》し遂《つい》に病《やま》いを得たり、事業に挫折《ざせつ》したりして自己の運命の進展をみずから停止する事になる。自己の運命を伸《の》ばそうとする者は常に前進しなければならない。新しきものを創造《そうぞう》すべく努力しなければならない。若《も》し吾々《われわれ》が決意して新しきものを創造しようとするならば、それは大生命そのものの意志に一致《いっち》するが故《ゆえ》に大生命が吾々《われわれ》を助けるであろう。

九月十三日の法語　大生命の導《みちび》き

吾《われ》らの生活が大生命の創造《そうぞう》に歩調を合わすことをするならば、大生命は吾々《われわれ》を導《みちび》いてくれるに相違《そうい》ないのである。大生命はみずから大自然を創造すると共に、大生命の自主的支店とも称《しょう》すべき吾々《われわれ》「人間」をつくって、「人間」かれ自身に自主独立に創造することをまかせている。大生命は「人間」に強制することはないが、大生命は「人間」に対して、恰《あたか》も総本店のようなものであるから、「人間」が新しき創造に際して指導をもとめるならば、指導を惜《お》しむものではない。

九月十四日の法語　大生命の指導にゆだねよ

大生命は小生命に対して指導を惜《お》しむものではないが、また小生命がエネルギーの補給を求めるならば、恰《あたか》も本店が支店に対して資金を供給するが如《ごと》く、吾々《われわれ》に必要な生命力を補給してくれるのである。大生命が森羅万象《しんらばんしょう》の創造主《そうぞうしゅ》であることが解《わか》るならば大生命は驚《おどろ》くべき精密《せいみつ》な設計家であることが判《わか》るであろう。吾々《われわれ》人間の肉体的頭脳が到底《とうてい》設計する事の出来ない精密な構造《こうぞう》を一枚の木《こ》の葉《は》にさえも彼は与《あた》えているのである。況《いわ》んや一枚の木の葉にまさる人間を如何《いか》に複雑精妙《せいみょう》に構造していられるかは考えて見ればわかるだろう。

九月十五日の法語　我《が》でやれば失敗する

頭脳の知恵《ちえ》にのみ訴《うった》えて、大生命の導《みちび》きを受ける方法を講《こう》じない者は、本店の指導を全然除外《じょがい》して支店のみで勝手《かって》に振舞《ふるま》おうとするにも似ている。それは時には好《よ》い事もあるであろうが、時には本店の方針にそむく事によって、除名《じょめい》されたり閉鎖《へいさ》を命ぜられたりする事もありうる。吾々《われわれ》の真の自由は、大生命の流れを大生命その儘《まま》の方向に、自発的に向かう事によってのみ遂《と》げられるのである。真の服従のあるところに自由はあり、真に無我《むが》のところに自由はある。

九月十六日の法語　神の人間創造《そうぞう》の目的

神は何の為《ため》に人間を創造《そうぞう》したか。神は自己を表現する為《ため》に人間を創造した。外《そと》から創造したのではなく、神は「内在《ないざい》の生命」として内《うち》から創造したのである。演奏中のヴァイオリンの弓を硝子板《ガラスばん》に触《ふ》れると、硝子板上《ガラスばんじょう》にある一定の大《おお》いさの砂粒《さりゅう》が、その音楽のリズムに従って或《あるい》は美しき花模様《はなもよう》を、或《あるい》は美しき波模様《なみもよう》をなして自然に配列されるが如《ごと》く、女性の子宮内《しきゅうない》で細胞分裂《さいぼうぶんれつ》をなして増えて行く多数の細胞を、一定の人間的構造《こうぞう》に配するのは生命の律動《リズム》の力である。

九月十七日の法語　生命の純粋律動《じゅんすいりつどう》

生命の純粋《じゅんすい》なる律動《りつどう》は感情である。感情は音楽とひとしく、知的な、又《また》は理論的な根拠《こんきょ》は伴《ともな》わない。それは理屈《りくつ》なしにただ動く生命の純粋なる波動《はどう》である。しかしそれが既《すで》に波動的にあらわれた結果を観察すれば、それは知的な理論的な構成をもっているであろう。それは純粋感情の創造《そうぞう》せる結果を知的に分解したに過ぎないのであって、「知」の創造ではないのである。「知」は創造の結果を分析《ぶんせき》して体系づけるに過ぎない。創造は感情によって行われる。愛は感情である。

九月十八日の法語　神の生命の歓喜《かんき》

神は生命の歓喜《かんき》によって人間を創造《そうぞう》したのである。神は生命の歓喜によって大自然を創造したのである。美しい緑の若葉《わかば》は神の生命の歓喜を物語《ものがた》る。牡丹《ぼたん》の豊艶《ほうえん》なる、海棠《かいどう》の幽艶《ゆうえん》なる、白百合《しらゆり》の清楚《せいそ》なる、桜《さくら》の爛漫《らんまん》たる、梅花《ばいか》の孤峭《こしょう》なる……数えれば限りはないが、いずれも神の生命の歓喜の発露《はつろ》であるのである。万物《ばんぶつ》は、すべて神の生命の歓喜の発露であり、表現であるが、「神の生命」そのものの発露であり表現であるのは「人間」である。人間が喜べば神が喜ぶのである。

九月十九日の法語　歓喜《かんき》の創造《そうぞう》

歓《よろこ》ばない人間は、神の生命の歓喜《かんき》の出口を閉塞《へいそく》するものである。喜ばない人間は健康になることが出来ない。喜ばない人間は栄《さか》えることが出来ない。喜ばない人間は勝利することは出来ない。喜ばない人間は如何《いか》に盛《さか》んなように見えても最後に挫折《ざせつ》するのである。イザナギの神様は「あなにやし、好乙女《えおとめ》」と歓喜して世界を創造《そうぞう》したのである。イザナミの神様は「あなにやし、好男《えおとこ》」と歓喜して世界を創造したのである。喜ばない人間は創造することが出来ない。歓《よろこ》びは創造する力である。

九月二十日の法語　創造《そうぞう》の最初に感情あり

最初に感情が動いて、軈《やが》てハッキリした行動又《また》は構図の設計的なものが心に浮《う》かぶ、それが想念《そうねん》である。たとえば或《あ》る人が腹が立つ。腹が立つのは感情である。まだハッキリした形は心に浮かばない。軈《やが》てそれが握《にぎ》り拳《こぶし》となる。即《すなわ》ちハッキリした形に思い浮かび、それが行動を指導することになるのである。腹が立つのは悪い方《ほう》の引例《いんれい》であるが、善《よ》い方の例を引けば「可愛《かわい》い」と云《い》う感情が起こる。それは最初は明確な形を予想しないが、軈《やが》てそれは愛撫《あいぶ》の形をもって顕《あらわ》れる。

九月二十一日の法語　良《よ》き芸術 良き科学

愛は生命の純粋《じゅんすい》感情であるから、真の愛のあるところ必ず創造《そうぞう》が行われる。愛は愛撫《あいぶ》となり、抱擁《ほうよう》となり、やがて事物《じぶつ》が生み出されるのは、ただ肉体の子供のみではないのである。真の愛のないところに優《すぐ》れたる科学も工作も生《うま》れない。愛さえあれば、愛は次第《しだい》に明確な形をとって、如何《いか》なる知的な作業も可能ならしめる。想念《そうねん》も実は愛の産物《さんぶつ》であり、愛は想念となり、行動となり、行動はものを作る。愛せよ、先《ま》ず真に愛せよ。愛の足りない仕事は必ず何処《どこ》かに欠陥《けっかん》がある。

九月二十二日の法語　全《すべ》てのものを愛せよ

汝《なんじ》の親を愛せよ、汝《なんじ》の子を愛せよ、汝《なんじ》の良人《おっと》を愛せよ、汝《なんじ》の妻を愛せよ、汝《なんじ》の兄弟を愛せよ。汝《なんじ》の舅 姑《しゅうとしゅうとめ》を愛し、汝《なんじ》の婿《むこ》又《また》は嫁《よめ》を愛せよ。汝《なんじ》の国の人民を愛せよ、人類を愛せよ、すべてのものを愛せよ。そこから無限の力がわき出《い》で、無限の創造《そうぞう》が行われるのである。併《しか》し愛することは執着《しゅうちゃく》することではない。愛するとは彼の生命《いのち》を彼の生命《いのち》そのものたらしめることである。牡丹《ぼたん》をして牡丹の花をひらかしめ、朝顔《あさがお》をして朝顔の花をひらかしめることである。ものそのものの生命を解放して自由ならしめるが愛である。

九月二十三日の法語　愛と執縛《しゅうばく》とは異《こと》なる

小鳥をして籠《かご》の中に押《お》し込《こ》むのは真の愛ではない。それは執縛《しゅうばく》であり執着《しゅうちゃく》である。日本の言葉は執縛をも執着をも、ともに「愛」と云《い》う語をもって呼ぶことがある。それ故《ゆえ》に、「愛する」と言いながら相手の生命を縛《しば》ってしまい、相手の生命を伸《の》びられなくしてしまい、相手の生命を殺してしまうことさえ往々《おうおう》ある。多くの母親は子供を愛するが故《ゆえ》に執着し、心配して、子供の病気を重《おも》からしめたりすることが往々にしてあるのである。愛すると称《しょう》して自分の自由に相手を縛るものは煩悩《ぼんのう》に過ぎない。

九月二十四日の法語　真の愛は放《はな》つ

真の愛は放《はな》つと云《い》うことである。そのものの生命《いのち》のままにそのものを行かしめることである。朝顔《あさがお》の蔓《つる》に牡丹《ぼたん》の花を咲《さ》かせようとすることではない。小鳥を籠《かご》の中に閉《と》じ込《こ》めることではなく、自由に山野《さんや》に放つが如《ごと》く、自分の子供を放つと云《い》うことである。個人個人は神の創造《そうぞう》の一つ一つの中心であるのである。個人個人の自由を縛《しば》るのは、神の創造の一つ一つの中心を束縛《そくばく》すると云《い》うことである。それは個人に対する冒《ぼう》瀆《とく》であるばかりでなく、神の創造のみわざに対する冒瀆《ぼうとく》である。

九月二十五日の法語　人間は神の創造《そうぞう》の中心

人間が神の創造《そうぞう》の中心である事がわかるならば、人間は大《おお》いに自己を尊敬し、又《また》大いに自重《じちょう》すべきである。神の無限力《むげんりょく》が、自己の「個性」を通じてあらわれようとしているのである。そこには「個性」というパイプと其処《そこ》を貫《つらぬ》き流れている大生命の力とがある。パイプの小なることを見て、そこを貫流《かんりゅう》する生命が小さいと思ってはならないのである。そこには大生命が滔々乎《とうとうこ》と流れているのである。大生命がみわざをなし給《たま》うのである。大生命は自分の生命そのものである。

九月二十六日の法語　想念《そうねん》感情は同類相引《あいひ》く

大生命は流れるが、どんな形に流れさせるか。大生命は創造《そうぞう》するが、どんな形を創造させるかその形を決定し、創造されるものの姿を決定するのは、自分の感情であり、想念《そうねん》である。それは類似《るいじ》の波長《はちょう》は共鳴し、相牽《あいひ》くと云《い》う法則に随《したが》って、明るき感情は明るき想念を呼び出し、明るきものを創造せしめる。暗き感情は暗き想念を呼び迎《むか》え、暗きものを創造せしめる。一瞬時《いっしゅんじ》と雖《いえど》も暗き感情をもつ事は罪悪《ざいあく》である。罪悪とは本来の明るい姿をツツム事である。

九月二十七日の法語　明るさの善徳《ぜんとく》

あらゆる美徳《びとく》を備《そな》えていると見える善人《ぜんにん》でも、心に明るさを失っている者は真の善人ではない。あらゆる悪徳《あくとく》の中で「暗い」と云《い》う事はすべての善を悉《ことごと》く覆《くつがえ》して反対効果に変じてしまう程《ほど》の力をもっているものなのである。心に明るさを持つと云《い》う事は、大生命の貫流《かんりゅう》するパイプを掃除《そうじ》するにも似ている。心が暗いと云《い》う事は、大生命の貫流するパイプをつまらせて置《お》く様《よう》なものである。大生命を自分の内《うち》に流れ易《やす》くならしめるのが明るさの徳である。何事《なにごと》にも執《とら》われのない自由自在な実相《じっそう》そのままの明るさにならねばならぬ。

九月二十八日の法語　個性を通じての表現

神は自己を表現するのに、普遍《ふへん》であるばかりでは自己を表現することは出来ないのである。普遍に満《み》ちているものは空気の如《ごと》く、エーテルの如《ごと》く、それは何らの表現をもなし得ない。表現は個性を通じてのみ行われるのである。表現されたものは何らかの意味に於《お》いて個性を有する。桃《もも》には桃の個性があり、梅《うめ》には梅の個性がある。幾千《いく》個の桃にも決して同じ桃と云《い》うものはないのである。人間の個性も千差万別《せんさばんべつ》であって、同じ個性はない。神は無尽蔵《むじんぞう》である。他の人を自分の如《ごと》くならしめようと縛《しば》る心を起こしてはならぬ。

九月二十九日の法語　神に一致《いっち》する個性

神に一致《いっち》する事は決して個性を没却《ぼっきゃく》する事ではない。梅《うめ》は純粋《じゅんすい》に梅の個性を発揮《はっき》する事が神に一致する事なのだ。桜《さくら》は一層《いっそう》純粋にその個性ある美を発揮する事が神に一致する事なのである。神は梅を通して自己の無限個性の一部を表現し、桜を通して自己の無限個性の一部を表現し給《たま》う。神は「無」にして「一切《いっさい》個性」であると言い得る。一切個性が「無」の一つに統一せられてあるのが無相《むそう》の神である。七色が統一されて無色の太陽光線になっている如《ごと》く、神に於《お》いては一切が内《うち》に包容《ほうよう》されていて無なのである。

九月三十日の法語　協力の美しさ

個性が完全に発揮《はっき》されたとき、それは美しい。梅《うめ》は梅として美しく、松《まつ》は松として、竹《たけ》は竹として美しい。そしてそれ以上の段階美《だんかいび》は如何《いか》にして発揮されるか。それは夫《それ》夫《ぞれ》に美しい個々のものが互《たが》いに協力する事によってである。例《れい》せば松竹梅《まつたけうめ》美しく配置することによって得られる。みずから個性を発揮しながら、互いに和解する事によってである。天《てん》と地《ち》と人《ひと》とは互いにその位置を異《こと》にしながら、しかも一つに渾然《こんぜん》と調和する。それが盆栽《ぼんさい》や生花《いけばな》の美である。人間も一個人としても無論《むろん》美しいが互いに和し協力する美は交響楽《こうきょうがく》の様《よう》に美しい。

十月の法語

神の国の義《ただ》しきを観る

十月一日の法語　異《こと》なる者の渾一《こんいつ》調和

異《こと》なる個性あるものがその個性を没却《ぼっきゃく》せずして互《たが》いに協力しつつ完全なる「一」となるとき其処《そこ》に無限の美があらわれるのである。その完全なる美の極致《きょくち》の一つは交《こう》響楽《きょうがく》である。各々《おのおの》の楽器はその個性を発揮《はっき》し、その各々の吹奏《すいそう》が巧妙《こうみょう》であればあるほど全体の音楽は一層妙《いっそうたえ》なるものとなるのである。それと同じく、各民族、各人種も、各民族の個性、各人種の個性を発揮しながら渾然《こんぜん》たる調和が発揮されるとき、そこに最も美しき文化が建設せられるのである。

十月二日の法語　無限の健康調和

各々《おのおの》の細胞《さいぼう》がその個性を発揮《はっき》しながら完全なる協力を遂《と》げているとき人体の健康は最も完全に実現するのである。完全なる協力は「本来一」の自覚より生《しょう》ずる。人間の健康も先《ま》ず人間同士が完全に「一」である自覚をもって互《たが》いに相結《あいむす》ばれ、人間相互《そうご》にその感情が調和している時にのみ真に実現し得るのである。人間同士の感情が争っているときには、肉体は心の影《かげ》であるから、心の乱れている限り真に無限の健康は発揮《はっき》されようはないのである。汝等《なんじら》互いに調和せよ。

十月三日の法語　物質の自覚

完全なる健康の裏には「完全」なる調和の念《ねん》がなければならないのである。先《ま》ず肉体は「物質」であるとの念を捨てよ。物質は結局バラバラのものであって互《たが》いに渾然《こんぜん》とした一体の自覚なきものであるから、吾々《われわれ》の肉体が物質で出来ているものだとの考えが吾々《われわれ》の心を占《し》めている限り、自己の肉体はバラバラのものであると云《い》う念を抱《いだ》いていることになるから、その念があらわれて完全なる健康は得がたい。完全なる健康は、吾《われ》は「霊《れい》なる完体《かんたい》なり」の自覚から生《うま》れるのである。

十月四日の法語　肉体健康の秘訣《ひけつ》

肉体を健康ならしめるためには、肉体を愛しなければならない。肉体を霊《れい》の敵であると憎《にく》んでいる限りに於《お》いて、その肉体は健康になる事は出来ない。肉体を「霊の完全な表現」であると信じ、それを愛し敬《けい》しなければならない。肉体を醜《みにく》いものと考えてはならないし、それを神の人間理想の最高顕現《けんげん》であると見なければならない。常に神想観《しんそうかん》する時に「吾《わ》が肉体は神の最高美の理想的顕現である」と念《ねん》ぜよ。而《しか》して病気を見る勿《なか》れ、病気を想念《そうねん》する勿《なか》れ。

十月五日の法語　健康美を讃賞《さんしょう》せよ

健康美の発現《はつげん》を悦《よろこ》べ。それが体操であれ、スポーツであれ、舞踊《ぶよう》であれ、健康美の表現されているものを素直に悦《よろこ》ぶ心がなければ、ただの健康は得られても健康美ある肉体の美しさは得られないのである。何でも愉快《ゆかい》に体操でもスポーツでも舞踊でも、健康の美の発現を実際に喜んで実践《じっせん》するとき健康美はあらわれる。何でもそれを讃《たた》えてやり賞《ほ》めてやり喜んでやったならば、それは益々《ますます》発達し其《そ》の完全なる姿を現すのだ。肉体美もその通りである。肉体を軽蔑《けいべつ》してはならぬ。

十月六日の法語　肉体を憎《にく》む勿《なか》れ

肉体を憎《にく》む者は、その肉体が虚弱《きょじゃく》となるであろう。聖フランシスは其《そ》の著《いちじる》しい実例である。彼は常に虚弱であったし、その最後には聖痕《せいこん》と称《しょう》する十字架《じゅうじか》に釘《くぎ》づけられ、槍《やり》でつかれた通りの傷さえも其《そ》の肉体に生《しょう》じたのである。聖フランシス程《ほど》でなくても肉体を憎む者は肉体が喜ばないから、其《そ》の最高の完全さを発揮《はっき》する事は出来ない。肉体を愛しなければならぬ。併《しか》し、肉体を物質として愛する者は肉体をやはり軽蔑《けいべつ》する者だ。肉体を霊《れい》として、霊の最高顕現《けんげん》として愛せよ。

十月七日の法語　病気は心の影《かげ》

病気が自他の肉体に現れても、肉体は霊《れい》の最高顕現《けんげん》であるから病気に罹《かか》ったなどとは思うな。その病気を「自分の心の影《かげ》」だと見よ。神の霊の完全なる顕現である肉体に、自分の誤《あやま》れる「心の影」として不完全なる状態をあらわして済《す》みませぬと詫《あや》まり切れ。(これ懺悔《ざんげ》である)。そして瞑目合掌《めいもくがっしょう》精神を統一して完全なる神人《ゴッドマン》の実相《じっそう》――霊にして霊光遍照《れいこうへんじょう》せる自己の体《たい》を観《み》よ。(正しき観《かん》である)。この懺悔が徹底《てってい》したときに、肉体の奥《おく》にある完全なる霊的実相が顕現して病気は消えてしまうのである。

十月八日の法語　神と共に静かに語れ

人間が神の生命から生《うま》れたる神の子である以上、神と共に静かに語る時間を持つと云《い》う事は、親子が静かに語る時間を持つと云《い》う事であって是非《ぜひ》とも必要なる当然の行事である。祈りの時間とか神想観《しんそうかん》の時間とかは神と静かに語る時間である。神より頂《いただ》いた生命は、神に感謝して、自己の時間の何分の一かは純粋《じゅんすい》に神と対話する為《ため》に捧《ささ》げなければならぬ。また神から与《あた》えられたる供給は、その何分の一をば、神に捧《ささ》げなければならぬ。宗教や社会事業に献《ささ》げる事がそれである。

十月九日の法語　恐怖《きょうふ》すること勿《なか》れ

何事《なにごと》に対しても恐怖《きょうふ》すること勿《なか》れ。神の子であり、神が常に汝《なんじ》を護《まも》っている事を知るならば吾《われ》らは何事も恐怖する事はない。恐怖するのは神を信じないからである。恐怖すれば血管は収縮《しゅうしゅく》し血液中に過度のアドレナリンを生《しょう》じ、血圧は昂《たか》まり、全身の細胞《さいぼう》は萎縮《いしゅく》して活力を失うのである。肉体の各器官《かくきかん》は神の諸々《もろもろ》の霊的属性《れいてきぞくせい》の表現である。神の諸々《もろもろ》の属性を完全に表現すればする程《ほど》、肉体の各器官は一層《いっそう》健康となる。心《しん》臓《ぞう》は愛の表現である。愛が乱れれば心臓が乱れる。またそれは心胆《しんたん》である。気を大きくすれば心臓病は治る。

十月十日の法語　恵美子《えみこ》の誕生日

今日《きょう》は自分の娘《むすめ》恵美子《えみこ》の誕生日である。彼女は関東大震災《かんとうだいしんさい》に罹災《りさい》直後の無一物《むいちぶつ》の吾々《われわれ》の家庭に生《うま》れたが一度も生活に不自由した事がない。震災で吾々《われわれ》が避難《ひなん》する時にも、彼女のお産《さん》に要する一切《いっさい》の用品、及《およ》び生れてから着る為《ため》の一襲《ひとかさね》の縮緬《ちりめん》の蒲団《ふとん》、着物、こどてらなどは、私《わたし》が担《かつ》いで出たので彼女のみは何の不自由もなかったのである。それから後《のち》にも彼女は一度も不自由をした事がなかった。何でも欲《ほっ》するものは与《あた》えられ、「お菓子《かし》来い」と空中に向かって呼べばお菓子が来た。

十月十一日の法語　脊骨《せきこつ》は肉身《にくしん》の心柱《しんちゅう》

「ど性骨《しょうぼね》が腐《くさ》っている」と云《い》う言葉がある。脊骨《せぼね》は肉身《にくしん》の心柱《しんばしら》であるから、肉親者の心柱《しんばしら》たる祖先又《また》は家長《かちょう》に対する忘恩《ぼうおん》又は目上《めうえ》の者に対する反抗等《はんこうとう》が形にあらわれて、脊骨《せぼね》が曲《まが》ったり、腐ったりするのである。祖先に感謝し、「素直に目上の者に随《したが》います」と云《い》うような気持になったら素直に脊柱《せきちゅう》の折《お》れ屈《かが》みが出来るようになるのである。祖霊《それい》を鄭重《ていちょう》に祭って『甘露《かんろ》の法雨《ほうう》』を読誦《とくじゅ》すると不思議に脊椎《せきつい》カリエスの治ることがある。また脊柱は家の柱たる家長をあらわす。目上の者に反抗しているときに故障《こしょう》があらわれる。

十月十二日の法語　祈りの二つの種類

祈りに二つの種類がある。自力的《じりき》な祈りと他力的《たりき》な祈りと。基督教《キリストきょう》的に云《い》えば洗《せん》礼《れい》のヨハネ式祈りとイエス的祈りとの区別である。山伏《やまぶし》的な修験者《しゅげんじゃ》的な行《ぎょう》により天国(又《また》は幸福)を地上に持ち来《きた》そうとする自力の行は断食水行《だんじきすいぎょう》野蜜《のみつ》を食《くら》いて粗衣粗食《そいそしょく》をした洗礼のヨハネによく顕《あらわ》れている。仏教でも聖道門《しょうどうもん》の行者《ぎょうじゃ》は自力的精進《しょうじん》によって仏陀《さとり》の境地に達しようとした。併《しか》し法然《ほうねん》や親鸞《しんらん》やイエスは、仏の本願力《ほんがんりき》又は神の恩寵《おんちょう》によって「与《あた》えられた天国」を受けようとした。

十月十三日の法語　相対的祈りと絶対的祈り

洗礼《せんれい》のヨハネ的祈りは、彼が祈ってやろうと云《い》う相手に対して思念《しねん》を集中し、その思念の力によって相手の悩《なや》みを撃退《げきたい》しようとする方法である。これは自分の思念と相手の悩みとが対立的になるのである。「悩み」は無いのではなくして、「悩み」を「ある」として認め、それに対抗《たいこう》する光明《こうみょう》の念《ねん》を念送《ねんそう》する事によって相手の悩みを抹殺《まっさつ》するのである。イエス的な祈りの方法は、相手の悩みも病《やま》いも見ないのである。ただ、神と神の国の義《ただ》しきとを観《み》るのである。観《み》るのも自分が見るのでなくて自己に宿《やど》る神が観《み》るのである。

十月十四日の法語　神の国の義《ただ》しきを観《み》よ

「先《ま》ず神の国と神の国の義《ただ》しきとを求めよ。其《そ》の余《よ》のものは汝《なんじ》らに加えられるべし」とイエスが言ったのは、彼の祈りが、対立的な一々の現象《げんしょう》の悩《なや》みを「あり」として取扱《とりあつか》わなかったことを示している。そこには「悪」や「病《やま》い」を争闘《そうとう》や抗争《こうそう》によって撃滅《げきめつ》する何等《なんら》の人間側の努力もない。天の父がみ業《わざ》を為《な》し給《たま》うのである。吾等《われら》は唯《ただ》それを観《み》れば好《よ》いのである。イエスが「われみずからにては何事《なにごと》をも成《な》し得ず、天の父われにいまして成さしめ給《たま》う」といったのは此処《ここ》である。

十月十五日の法語　神を讃美《さんび》する祈り

天の父われに在《いま》してみ業《わざ》を成《な》し給《たま》う式の祈りは、天の父のみ業《わざ》の荘厳極《そうごんきわま》りなく美しき事を認め、ただ讃《ほ》め称《たた》えるだけで好《よ》いのである。観《かん》と讃歎《さんたん》である。此《こ》の種《しゅ》の祈りは長時間やってもつかれる事はない。天の父の無限の力が流れ入って却《かえ》って心気爽快《しんきそうかい》、再生の思いがするものである。聖書《せいしょ》によれば、イエスは常に暁方《あけがた》に山に入って長時間祈っていたらしい。彼はそれによって力を得、実際病《やま》いを治す時には、「神が成し給《たま》う」と思うだけで、祈りもしないで、「起《た》ちて歩《あゆ》め」と言ったようである。

十月十六日の法語　自力《じりき》の思念《しねん》伝達法

自己の思念力《しねんりょく》を念送《ねんそう》して相手の悩《なや》みを癒《いや》す方法は、電波《でんぱ》の波及《はきゅう》と同様《どうよう》の原理を、電波よりも尚一層精妙《なおいっそうせいみょう》なる霊的波動《れいてきはどう》にあてはめたものである。その方法は、自己の送ろうとする思念又《また》は想念《そうねん》を、心の中で繰返《くりかえ》し繰返し、余念《よねん》なく、他念《たねん》なく強烈《きょうれつ》に繰返す事によって成立《なりた》っている。時には十数分間、時には十数時間も強烈に同一思念を繰返すのである。そして、それは相手に於《お》いて効果を顕《あらわ》す事があるが、その頃《ころ》には思念者は精力《せいりょく》を消耗《しょうこう》してフラフラになっている事が多い。

十月十七日の法語　クーエの自己暗示法《あんじほう》

クーエの自己暗示法《あんじほう》は「自分はこれから毎日あらゆる点で一層《いっそう》よくなる」と云《い》う同一思念《しねん》を二十回繰返《くりかえ》す事によって成立《なりた》っている。併《しか》しこれは念力波及《はきゅう》の方法ではなく、ただの言葉で、その観念《かんねん》を潜在意識につぎ込《こ》めば、潜在意識が絶大なる力でその言葉の通りを成《な》し給《たま》うと云《い》う信念《しんねん》に基《もと》づいている。これは精力《せいりょく》を消耗《しょうこう》し尽《つく》す事はない。クーエも他に念力を送る場合もある。子供をよくしたいと思う時、欲《ほっ》する内容の言葉を眠《ねむ》れる子供から一米《メートル》距《はな》れて繰返し唱《とな》えれば好結果を得ると主張したのである。

十月十八日の法語　精神は互《たが》いに感応《かんのう》する

眠《ねむ》っている子供の枕元《まくらもと》で数学の公式を幾度《いくど》も唱《とな》えて聞かせて、覚《さ》めてからその数学の式を思い出させると完全に暗誦《あんしょう》し得たと云《い》う実例もある。ルーテル・ブルバンクは自分の妹に会いたいと思うとき手紙を書かないで、思念《しねん》で「今日《きょう》はお前に会いたいんだが」と念《ねん》じたら必ずその次の列車でその妹はブルバンクのところへやって来たと伝えられている。夫婦の思いが互《たが》いに感応《かんのう》した実例は沢山《たくさん》ある。妻があやまる気になったとき、夫が妻に済《す》まぬと思うようになった例も多い。

十月十九日の法語　神を通じての目的実現

精神波及《はきゅう》はかくの如《ごと》く効果をあらわすが、それは、個別の精神と、個別の精神との間の感応《かんのう》であって、神がそれを成《な》し給《たま》うのではない。最高の精神感応は、神は普遍者《ふへんしゃ》（どこにも在《あ》る）であらせられるから、如何《いか》なるところにある人にでも、如何《いか》なるところにある物資《ぶっし》にでもそれは感応し、それが切実《せつじつ》なる願いであるならば、その人はいつの間《ま》にか自分のところに訪れ来《きた》り、その物資は自分の処《ところ》に呼び寄せられるのである。それは上手下手《じょうずへた》はないのであって神に波長《はちょう》の合う誠心《まごころ》の出た人なら誰でも出来る。

十月二十日の法語　強力なる願い

「切実《せつじつ》なる願い」はきかれる。切実とは単に「強力なる事」ではない。深切真実《しんせつしんじつ》と云《い》う事である。深切とは表面浅膚《せんぷ》の反対である。流行を追い、虚栄《きょえい》を追い、時局《じきょく》に乗り、時流《じりゅう》に投じ、世間《せけん》の噂《うわさ》に動かされた其《そ》の結果「こうしたい」と思う事は、如何《いか》なるものでも「強力なる願い」だと云《い》うことは出来ない。キリストはゲッセマネの園《その》に於《お》いて「みこころならばこの苦《にが》き盃《さかずき》をわれより取去《とりさ》り給《たま》え」と血の汗《あせ》を流して強く祈った。併《しか》しそれは彼の切実なる願いではなかった。

十月二十一日の法語　切実《せつじつ》なる願い

イエスの切実《せつじつ》なる願いは「モーゼが金《きん》の蛇《へび》を竿《さお》の先にあげてユダヤ民族を神の怒《いか》りより救った如《ごと》く、みずからが十字架《じゅうじか》にかかって人類の罪《つみ》の意識の身代《みがわ》りとなる事」であった。だから彼は「モーゼが蛇《へび》を挙《あ》げたる如《ごと》く、我《われ》も挙げられるとき来《きた》らん」と予言した。それは潜在意識の切《せつ》なる願いであったのである。併《しか》し現在意識の強き願いは、「この苦《にが》き杯《はい》を我《われ》より取去《とりさ》り給《たま》え」であった。現在意識の如何《いか》に強き願いがあるとも、潜在意識の中にその反対の願いがあると成就《じょうじゅ》しない。

十月二十二日の法語　「祈り」は願望実現が目的でない

神様にまかす位《くらい》ならば、「祈り」の必要はない。「祈り」をするのは自分の願いをかなえる為《ため》であって、祈りに志向性《しこうせい》はつきものである。自分の願いがないならば「祈る」必要はない――と考えるのは間違《まちが》いである。「祈り」と云《い》うものは、「親なる神」と「子なる人間」との人格的交《まじ》わりとして欠《か》くべからざる人間の行事なのである。だから、潜在意識の深き願いは、神のみこころでなくとも「心の影《かげ》」として実現するのである。だから、欲《ほっ》するものを実現するばかりが祈りではないのである。

十月二十三日の法語　潜在意識と現在意識の食違《くいちが》い

吾々《われわれ》人間の潜在意識の願いには、実相本来《じっそう》の願い（既《すで》に実相に於《お》いて与《あた》えられている本性《ほんせい》）そのものではない、「歪《ゆが》み」があるものである。現在意識の願いが遂《と》げられないのは、潜在意識の願い（又《また》は想念《そうねん》）がその反対であって邪魔《じゃま》するからである。戦争中、日本人は現在意識の願いは「勝ちたい」と云《い》う事であったに拘《かかわ》らず、潜在意識の願いは「海ゆかば水漬《みづ》く屍《かばね》・靖国《やすくに》神社で会おうよ」（負けて死ぬ）事であった。そこに現在意識の願いと潜在意識の願いとに食違《くいちが》いがあったのである。

十月二十四日の法語　実相《じっそう》完全の願いの実現

この現在意識と潜在意識の食《く》いちがいはどうして起こるか。それはみずからの「実《じっ》相《そう》の願い」（本来与《あた》えられている本性又《ほんせいまた》は使命《しめい》）をツツミて知らざるところから来るのである。換言《かんげん》すれば、それはツツミ（即《すなわ》ち罪《つみ》）である。「みこころのままにならしめ給《たま》え」と祈ることは単に自己の現在意識の願いを捨てるにとどまらず、潜在意識の願いの歪《ゆが》みまでも、その自我放棄《じがほうき》によって捨てることになる。かくて現在・潜在の両意識の歪《ゆが》みが悉《ことごと》く捨てられて実相完全の願いのみが実現する。

十月二十五日の法語　神の祝福《しゅくふく》は万人平等《ばんにんびょうどう》

神の祝福《しゅくふく》の流れに乗ると云《い》うことは、神は或《あ》る人を祝福し、或《あ》る人を祝福しないと云《い》うことではない。神は善人《ぜんにん》にも悪人《あくにん》にも太陽が照らすが如《ごと》く、祝福の波《なみ》を放送している給《たま》うのである。祝福の流れに乗らないとは、神の祝福の波長《はちょう》を感受《かんじゅ》するような「神と同波長の心の波」を起こさないと云《い》うことである。だから祝福の波があってもそれを感ずることが出来ないのである。それは又《また》たとえば、太陽はすべての人を照らしているが、目を瞑《つぶ》っている人には見えぬ、これを祝福の流れにのらぬと云《い》うのである。

十月二十六日の法語　祝福《しゅくふく》の波長《はちょう》に合わぬ心

神の祝福《しゅくふく》の波長《はちょう》に、合わぬ心と云《い》うのは、怒《いか》る心、憎《にく》む心、怨《うら》む心、悲しむ心、羨《うらや》む心、嫉妬《しっと》する心、猜疑《さいぎ》する心、悪を予想する心、取越苦労《とりこしくろう》する心、持越苦労《もちこしくろう》する心、口惜《くや》しい残念《ざんねん》の心、陰気《いんき》な心、沈《しず》む心、審判《さば》く心、争う心、斬《き》り合う心、焦立《いらだ》つ心、不平の心、あせる心、ケチな心など大同小異《だいどうしょうい》の種々《しゅじゅ》の色合《いろあい》をもった心である。之等《これら》の心は神の祝福の波長とは調子が合わない。神の祝福の流れに乗って何事《なにごと》も都合《つごう》よく行こうと思うものは是《これ》らの心を去らねばならぬ。

十月二十七日の法語　摂理《せつり》と云《い》うこと

神の祝福《しゅくふく》の波長《はちょう》に合わぬと言っても、その場合、神が人間を罰《ばっ》し給《たま》うのではないのである。光に対して眼《め》をつぶっている者が「暗い」のは、神罰《しんばつ》ではなくして、理としてそれが出て来るのである。そして「暗く」して打突《ぶっ》かり、頭を打って痛《いた》いと思って、その人が眼をひらく、そして方向転換《てんかん》するのは、神が頭をなぐったのではなくて、自分が頭をぶつけたのであり、そして自然に眼がひらくのは、「理」として自然に来《きた》るのである。これを「摂理《せつり》」と言い「導《みち》き」と言う。不幸に出遇《であ》ったと思っている時に神の導きがある。

十月二十八日の法語　神罰《しんばつ》ではない

病気をした為《ため》に神を知ったと言い、災難を受けたために神信心《かみしんじん》をするようになった、これは神の導《みち》きであったと言う人がある。これは摂理《せつり》であり、「理」であり、神が自由意志をもって、導かんがために、病気や不幸を課したのではない。「理」にしたがって、心の通りの姿が、肉体や境遇《きょうぐう》に反映《はんえい》してあらわれるのである。眼《め》をとじていれば暗いが、その暗いのは「理」に従って暗いのであって、神罰《しんばつ》によって暗いのではない。暗くて頭を打つのも「理」にしたがって頭を打つのであって神罰ではない。

十月二十九日の法語　「理」は神から来る

「理」はどこから来たかと言うと、神から来たとも言える。しかしそれは神罰《しんばつ》と云《い》うものを課するために神がつくったものではなく、むしろ神御自身《ごじしん》が人間によって利用出来るように「一定不変」の形になってあらわれ給《たま》うたものである。自然界の法則も同じである。神は「自由の本体《ほんたい》」であるから変幻《へんげん》自在である。しかし「変幻自在」では人間は神を利用することが出来ないのである。それで神は一定不変の法則の形となり、一方では「科学の法則」となり、一方では「心の法則」となってあらわれたのである。

十月三十日の法語　「理」に順応《じゅんのう》せよ

高圧電線に触《ふ》れて傷つくのも、機械の歯輪《はぐるま》にはさまれて傷つくのも、食《く》い過ぎて胃を悪くするのも、「科学の法則」にふれたからである。腹が立ったり、悲しんだり、取越《とりこし》苦労をして病気になるのは「心の法則」にふれたからである。食いすぎて胃病になっても別にそれは神が罰《ばつ》を当てたのではない。それは「理」によってそうなるのであって、「理」に逆《さか》らったからに過ぎない。省《かえり》みて「理」に順応《じゅんのう》して、高圧電線にふれる時にゴムの手袋《てぶくろ》をはめ、歯輪《はぐるま》の間に手を入れず、食いすぎねば傷つくことはない。

十月三十一日の法語　心の法則に順応《じゅんのう》せよ

それと同じく「心の法則」と云《い》う理によって起こる災禍《さいか》や病気は、神の肆意《しい》（かってきまま）による神罰《しんばつ》でないから、顧《かえり》みて、自分は如何《いか》なる心をもったかを反省し、理に逆《さか》らっていた心の持ち方を捨て、理に順応《じゅんのう》する心の持ち方に心を転ずればその災禍や病気は治るのである。何よりも今まで神の光に眼《め》を瞑《ふさ》いでいた眼を開くことが大切である。そうすれば暗《くら》がりにいて頭を打つ様《よう》な馬鹿《ばか》らしい病気や災難は受けなくなる。人を打つ心をもてば、自分が打たれる。心の法則は何も難《むずか》しい事はないのである。

十一月の法語　愛と赦《ゆる》しと平和の思念

十一月一日の法語　霊《れい》は病《や》まず

人間は霊《れい》である。霊は病《や》む事は出来ない。しかも病気が現れて存在するが如《ごと》く見えるのは想念《そうねん》の中に病気があるのである。感情の中に病気があるのである。それは歪《ゆが》められた想念であり、歪《ゆが》められたる感情である。其《そ》の感情と想念とのゆがみを取去《とりさ》ったならば、病気が消えてしまうのである。宇宙には「唯《ただ》一つの神」と「唯《ただ》一つの神の創造《そうぞう》」とのみがある。全《すべ》て存在するものは「唯《ただ》一つの神」から創造されたものである。それゆえ病気と云《い》う醜《みにく》き存在は無いのである。

十一月二日の法語　病気の存在を支える法則もない

すべての法則も神から生《しょう》じたものであるから、病気の存在を支えている法則も実は存在しないのである。心に悪を思えば、悪《あ》しき姿の病気があらわれて来ると説くが、それはあらわれて来るだけであって決して存在に入《はい》ったのではない。病気の存在を支える法則など決してないのである。病気が如何《いか》に実在すると見える醜《みにく》き姿を現そうともそんなものは無い。無いものは如何《いか》に見えてもない。それは悪夢に襲《おそ》われてうなされている様《よう》なものであって覚《さ》めて見れば何もない。

十一月三日の法語　神の子の美を讃美《さんび》せよ

無いものは否定する必要もない。病気の姿を思念《しねん》をこらして一所懸命《いっしょけんめい》否定するのは、病気をありと認めて、それに対して戦っていることになる。病気は益々《ますます》あるかの如《ごと》くその姿をあらわすのは「ありと認めて」いる念《ねん》の力に支えられて姿を現すのである。病気の念を捨てなければならない。吾《われ》らは病気に対して戦う事も否定する事も要《い》らない。吾《われ》らはただ人間が神の子であること、美しいこと、健康であること、老いない、死なない事を讃美《さんび》して歌をうたえば好《よ》いだけである。

十一月四日の法語　病気の形を思い浮《う》かべるな

ヘンリー・ヴィクター・モルガン氏が指摘《してき》したように、或《あ》る婦人は自分に少数の白髪《しらが》が出来かかったのを「白髪は無くなる、白髪はなくなる」と毎日思念《しねん》し続けた結果、一ヵ月後には全頭髪《ぜんとうはつ》が真白《まっしろ》になって「思念の力もクソもあるか」と大《おお》いに憤慨《ふんがい》したそうであるが、「白髪がなくなる」と念《ねん》ずる事は「白髪は今ある」と念ずる事を言換《いいか》えたもので、毎日「白髪」を思い起こさせる事になるのである。総《すべ》て、病気の形や状態について、それを論議し、思い浮《う》かべる必要はないのである。

十一月五日の法語　醜《みにく》き姿を心より払拭《ふっしょく》せよ

病気や災禍《さいか》を思い浮《う》かべ、それを恐怖《きょうふ》したとき想念《そうねん》は形にあらわれる。恐《おそ》るるものは皆来《みなきた》るので、これは神が造《つく》ったものではなく、想念の具象化《ぐしょうか》である。何か病気の醜《みにく》き姿を見て、恐ろしいと思った時には「かかるものは実在ではない。実在するものは、唯完《ただ》全なるもののみである」と数回心に念《ねん》じて、醜き姿を心の底から拭《ぬぐ》い去《さ》ってしまって置《お》くことが必要である。宇宙のすばらしく宏大《こうだい》にして完全なること、それを創造《つく》った神の力の無限に偉大《いだい》なる事、その偉大なる無限力《むげんりょく》の前に何の病気の存在の余地《よち》があろうぞ。

十一月六日の法語　人を癒《いや》すためには自分を癒《いや》せ

人を癒《いや》す為《ため》には、自分の心の中の病気を消す事が必要なのである。医者が手を放《はな》したとき、治る見込《みこ》みがないと言ったとき、色々の民間治療家《ちりょうか》や有名な博士《はくし》がいずれも失敗したと云《い》うとき、それをきかされて「不治」を自分も連想するようでは相手を癒《いや》す資格はない。かかる不治の不安が光明思念《こうみょうしねん》をする人を捉《とら》えたとき、先《ま》ず思念者は自分自身の想念《そうねん》の歪《ゆが》みを癒《いや》さねばならないのである。先《ま》ず人間は神の子であり、神が霊的《れいてき》実在であるが如《ごと》く自分も亦《また》霊的実在である事を念《ねん》ぜよ。

十一月七日の法語　黴菌《ばいきん》も寄生虫《きせいちゅう》も無い

人間は神の身体《しんたい》である。神の身体を害する何かが存在すると云《い》うことはあり得ないのである。神の身体の中に黴菌《ばいきん》や寄生虫《きせいちゅう》が蝕《むしく》うと云《い》うことはあり得ない。宇宙の一切《いっさい》の存在は、唯一《ゆいいつ》の神の聖なる計画の中にすべてが調和して造《つく》られているのである。神の霊《れい》なる身体の中に互《たが》いに敵対《てきたい》する如何《いか》なる存在もあり得ない。人間の身体は神の霊によって創造《つく》られたる「神の宮《みや》」である。神の霊が「神の宮」である人体の到《いた》る処《ところ》に満《み》ちみちているのである。――斯《か》く念《ねん》ぜよ。

十一月八日の法語　心の照準《しょうじゅん》は現在意識

「我《われ》みずからにては何事《なにごと》もなし得ず、天の父われに在《いま》してみ業《わざ》をなさしめ給《たま》うのである」とイエスは言った。癒《いや》すのは「天の父」即《すなわ》ち神であり、われではないのである。

われは、心の照準《しょうじゅん》を定めて引金《ひきがね》を引くだけである。心だけ正しい方向にむけて神の力の自働《じどう》するのに任《まか》せて置《お》けば好《よ》いのである。みわざは内在《ないざい》の爆発力《ばくはつりょく》がなし給《たま》うのである。内在の爆発力とは、神である。照準を定めるのは現在意識であり、現在意識の志向《しこう》を潜在意識の中まで落《おと》すのが「引金を引く」ということである。

十一月九日の法語　如何《いか》なる観念《かんねん》が潜在意識に入《はい》るか

現在意識がボンヤリしている時に突如《とつじょ》として投《な》げ込《こ》まれた強烈《きょうれつ》なる印象又《また》は明確なる観念《かんねん》は、潜在意識の中に深く種子《しゅし》を蒔《ま》かれるものなのである。催眠《さいみん》状態中の暗示《あんじ》は勿論《もちろん》、朝眼《め》が覚《さ》めた直後の自己暗示や、就寝後《しゅうしんご》の睡《ねむ》りを催《もよお》し来《きた》る直前の自己暗示や、診察中《しんさつちゅう》に医者の態度に気をとられている最中に医者の偶然漏《ぐうぜんも》らした言葉や、両親が子供を叱《しか》りつけた時、子供は呆然《ぼうぜん》としている、其《そ》のとき親の言った言葉などは深く潜在意識に刻《きざ》みつけられて、軈《やが》て芽《め》を吹《ふ》き実《み》を結《むす》ぶ事にもなる。

十一月十日の法語　下剋《げこくじょう》上の心は頭の病《やま》いを来《きた》す

吾々《われわれ》の頭脳は、主《しゅ》の御意《みこころ》の表現であり、祖先の表現であり、すべての秩序《ちつじょ》の本源《ほんげん》である。神を尊《とうと》び、上《かみ》を尊び、祖先を尊ぶ秩序の念《ねん》を破るとき、頭脳の病気は起るのである。神に感謝し、祖先に感謝し、祖先の霊《れい》に聖経《せいきょう》を読誦《とくじゅ》するとき、精神病や、癲癇《てんかん》や、脳膜炎《のうまくえん》や、脳脊髄膜炎《のうせきずいまくえん》は癒《い》える。よく子供にある「胎毒《たいどく》」と云《い》う湿疹《しっしん》は、母親が、その良人《おっと》に感謝せず、良人《おっと》の頭を泥土《でいど》のように心で踏《ふ》みつけている時に起るものである。すべて下剋上《げこくじょう》の心は頭及《およ》び脊柱《せきちゅう》の故障《こしょう》を起《きた》すものである。

十一月十一日の法語　神の無限供給について

神は寛大《かんだい》であり、無限の供給であって、他を害せず、他の持物や享受《きょうじゅ》を侵害《しんがい》せずして自分にない、い、い、い、い、い、い、ものを求めれば必ずそれを与《あた》え給《たま》うのである。ない、い、い、い、、、くてならぬものとは必ずしも、切羽詰《せっぱつま》った「それがなくては死ぬ」と云《い》うようなものでなくとも、その生活に「愛を生《い》かし、美を生かし、智慧《ちえ》を増進し、平和と調和をもたらす為《ため》に必要なるもの」であれば、一寸《ちょっと》した菓子《かし》や机の上の装飾物《そうしょくぶつ》や、ラジオ・セットや蓄音機《ちくおんき》のような生活必需品《ひつじゅひん》でなくとも与えられるのである。

十一月十二日の法語　その人に適する願い

グレン・クラーク教授が、まだ『魂《たましい》の切《せつ》なる願い』の著書を発表せず生活が楽《らく》でなかった頃《ころ》、八弗《ドル》七十仙《セント》の鉱石式《こうせきしき》ラジオを、家庭の和楽《わらく》や知識の増進の為《ため》に欲しいと思った。それは「それがなければ死ぬ」と云《い》う程切実《ほどせつじつ》なものではないが、それでなくとも此《こ》の程度の願いは「その人に適する願い」として与《あた》えられるものなのである。否《いな》、既《すで》に与えられているのである。それが現実に現れて来るには、祈りによって心の波長《はちょう》を「既《すで》に与えられている実相《じっそう》」の波長に合わす事である。

十一月十三日の法語　最後の決定を神に委《ゆだ》ねよ

グレン・クラーク氏は「鉱石式《こうせきしき》ラジオを与《あた》えたまえ」と祈ってその最後の決定を神にゆだねたのである。数日後全然予想しないところから二枚の小為替《こがわせ》を受取《うけと》った。合計八弗《ドル》八十五仙《セント》であって、八弗《ドル》七十仙《セント》のラジオを買うと十五仙《セント》あまったのである。ところが三日後になってそのアンテナがこわれたので修理させると恰度《ちょうど》キッカリ十五仙《セント》を要したのである。その冬同氏は亡母《ぼうぼ》の記念《きねん》出版物を出そうと思った。費用十五弗《ドル》である。それも氏が神に委《ゆだ》ねた時、同金額の小為替《こがわせ》が来た。

十一月十四日の法語　自然の彫刻《ちょうこく》にまかせよ

常に自然であれ。そのままであれ。神にまかせよ。力《りき》んではならない。自分で無限に人生を彫刻《ちょうこく》しようと思ってはならない。自然の彫刻は人間の我《が》のこころの彫刻よりも美しいのである。この根本真理に従って、事件が起《おこ》った時、その事件の処理を行うべし。我《が》を出したら頭を打つのである。急いだり、焦《あせ》ったりしては躓《つまず》くのである。雪の一片一片の結晶《けっしょう》が決して同一デザインのものがない様《よう》に吾等《われら》の生活の設計も同一なものはない。然《しか》も自然の彫刻はそれ自身で完全である。

十一月十五日の法語　「声」と「コトバ」

祈りには自力《じりき》の祈りと、他力《たりき》の祈りとがある。自力の祈りは、洗礼《せんれい》のヨハネの如《ごと》く「曠野《あらの》に叫《さけ》べる声」である。曠野《あらの》とは、そこに神の生命が満《み》ちていないと云《い》う意味である。人と人とは個々に孤立《こりつ》していて、神の生命によって互《たが》いにつながっている自覚がないのである。互いに呼び交《か》わす声は、声にとどまり、互いに意味が疎通《そつう》する「コトバ」にはなっていない。互いに意味が疎通するには一人の生命の動きが神と云《い》う共通の媒介《ばいかい》によって他の人々の生命の動きと共感しなければならぬ。

十一月十六日の法語　傲《たか》ぶる心を捨てよ

神のコトバは宇宙に充《み》ち満《み》ちているのに、そのコトバをきく事が出来ないのは、自分の内《うち》に宿《やど》る「神のコトバ」を覆《おお》い、それを宇宙に満《み》つる「神のコトバ」と波長《はちょう》を合わせる事をしないからである。自己内在《ないざい》の神性《しんせい》を覆《おお》えるものは「傲《たか》ぶる心」であり、「わしが」「わしが」の心である。「わし」と云《い》う力《りき》みは、海面上に浮《う》き出ている氷山の部分みたいなものである。表面を力《りき》んで見詰《みつ》めていると、氷山の底の部分が一層《いっそう》大きなものであり、普通《ふつう》の海水で互《たが》いに繋《つなが》っている事を忘れる。

十一月十七日の法語　吾《われ》らは神の生命の枝《えだ》

「われは葡萄《ぶどう》の樹《き》、汝《なんじ》らは枝《えだ》なり」とイエスは言った。そして又《また》「われと父とは一体なり」とも言ったのである。かくて吾《われ》らは「天の父」の枝なのである。われらの生命は天の父より来るのである。更《さら》に「枝」と「枝」とは互《たが》いに孤立《こりつ》することなしに、葡萄《ぶどう》の樹《き》の生命によって互いに一体なのである。「何人《なにびと》もわれによらで父に来《きた》る者なし」とイエスが言ったのは、「何人《なにびと》もイエスと同じき神の子の自覚によらずして天の父と一体になることなし」と言い給《たま》うたのである。

十一月十八日の法語　自他一体の自覚

「天の父」と「神の子」との一体融合《ゆうごう》を阻礙《そがい》するものは、あの氷山の表面のみを見つめる如《ごと》き「傲慢《ごうまん》なる」孤立《こりつ》の心である。氷山はどうして浮《う》いているかと云《い》えば、その下にある「無限につづく海水」の力によるのである。「無限につづく海水」とは、無限につづく神の生命の譬喩《たとえ》である。われらは氷山の個別的突出《とっしゅつ》のみを見る、「わしが、わしが」と高ぶる心を捨てなければならない。氷山は脚下《きゃっか》を見なければならない。脚下の海水を見て、自分が存在する所以《ゆえん》を知らねばならぬ。

十一月十九日の法語　心柔和《にゅうわ》なる者

氷山が（個人の喩《たとえ》）顧《かえり》みて自分の脚下《きゃっか》を見るとき、自分の存立《そんりつ》が自分によって成《なり》立《た》っているのではなく、海水によって成立っているのだと知るとき、自己の高慢《こうまん》が摧《くだ》けるのである。これをパウロは「自己に死にたる者」と言い、洗礼《せんれい》のヨハネは「悔《くい》改《あらた》め」と言い、イエスは「柔和《にゅうわ》なるもの」「へりくだれる者」「貧《まず》しき者」「悩《なや》めるもの」「振返《ふりかえ》りて幼《おさ》な児《ご》の如《ごと》くなれる者」などが神の国に入《い》る事が出来ると言ったのである。「わしが……わしが……」と云《い》う自己が摧《くだ》ける事が必要である。

十一月二十日の法語　すべての者をゆるせ

「ただ一人に対する憎《にく》みでさえも神の国に入《い》る扉《とびら》をすべて閉《と》じる事になる」とグレン・クラーク教授は言っている。「七つの燈台《とうだい》の点燈者《てんとうしゃ》の神示《しんじ》」には「争いの念波《ねんぱ》は神の救いの念波を能う受けぬ」とある。自己慢心、自己憐憫、自己欺瞞、嫌悪、憎み、怒《いか》り、及《およ》び恐怖心《きょうふしん》は同じく神の霊波《れいは》の入口に扉をとざすものである。扉をとざす諸原因を捨てるとき、吾《われ》らは「神の国」に入る事が出来る。如何《いか》にせばこれらの諸原因を捨てる事が出来るか。愛と赦《ゆる》しと平和の思念《しねん》をすることである。

十一月二十一日の法語　赦《ゆる》しと愛と平和

赦《ゆる》しと愛と平和とはすべての癒《いや》しに必要なる要件である。若《も》し病《や》める者が癒《いや》されん事を望むならば、先《ま》ず合掌《がっしょう》して、自己の憎《にく》める者、自己と不和なる者、自己についての不平をもてる者、自己が彼に不平をもてる者などを心に描《えが》いて、「私《わたくし》はこれらの凡《すべ》ての人々を赦《ゆる》したのである。私はこれらの凡《すべ》ての人々を神の愛をもって抱擁《ほうよう》する。私がこれらすべての人を神の愛をもって抱擁《ほうよう》する如《ごと》く、神もわが過《あやま》ちを赦《ゆる》し給《たま》いてその無限の愛をもってわれを抱擁し給《たま》うのである」と思念《しねん》せよ。

十一月二十二日の法語　神の愛の抱擁《ほうよう》を思念《しねん》せよ

更《さら》に次の如《ごと》く思念《しねん》せよ。「神の愛の抱擁《ほうよう》は優《やさ》しいのである。無限の優しさ、無限のこまやかな愛情をもって神は私《わたくし》を抱擁《ほうよう》し給《たま》うが故《ゆえ》に、私の皮膚《ひふ》は直接この無限に優しい細《こま》やかな神の愛に触《ふ》れているのである。だからどんなイライラしさも、どんなブツブツもどんな炎症《えんしょう》も潰瘍《かいよう》も存在しない。神の愛と平和とはわが全身に流れ入って満《み》ち給《たま》うが故《ゆえ》に、わが全身には神の愛と平和とが満ち充《み》ちているのである。だからわが内臓《ないぞう》の粘膜《ねんまく》にもどんな炎症もあり得ないのである……」

十一月二十三日の法語　人の病《やま》いを癒《いや》すには

他の人の病《やま》いを癒《いや》す為《ため》には、自己の名前や、報酬《ほうしゅう》や、虚栄《きょえい》や、それらすべての利己的なものを捨てなければならぬ。そして彼を本当に愛しなければならぬ。自己の為《ため》に彼を愛する利己的な愛では足りないのである。彼自身の為《ため》に彼を愛しなければならぬのである。この愛の中に高まり入るとき「汝等互《なんじらたが》いに相愛《あいあい》せよ。愛するところに吾《われ》はいるなり」と言われたイエスの無限の癒《いや》す力と一つになる事が出来る。この時吾《われ》らは神の愛と一体となり、無限の力の源《みなもと》に触《ふ》れるのである。

十一月二十四日の法語　彼の心の悩《なや》みを自己にとる事

人の病《やま》いを癒《いや》さんとする時、先《ま》ず彼の名前をとなえ、彼の悩《なや》みを心に思い浮《う》かべて可哀相《かわいそう》だと思う事が必要である。そう思わなくとも治る事があるが、この方《ほう》が一層《いっそう》効果があるのである。何故《なぜ》なら、それは洗濯屋《せんたくや》がよごれ物をお客様からとって来る様《よう》に、相手の悩みを自分にとって来るからである。この「悩みの洗濯物」は「悩みのよごれ水《みず》」で洗い浄《きよ》めても綺麗《きれい》にはならないから、一旦《いったん》自己にとり来《きた》った「心のよごれ」は「全然悩みのない思念《しねん》の水」で洗い浄《きよ》める事が必要である。

十一月二十五日の法語　ラザロを復活《ふっかつ》させたイエス

イエスは死して四日、既《すで》に腐臭芬々《ふしゅうふんぷん》たるラザロを蘇生《そせい》せしめられた時に「イエス涙《なみだ》を流し給《たま》えり」と聖書《せいしょ》にある。その家族の悲しみを自分の悲しみにまで摂取《せっしゅ》し給《たま》うたのである。その次には「死せるに非《あら》ず、活《い》けるなり」と仰《おお》せられた。人の悲しみを自分に受取《うけと》った上はもう「悲しみの水」では、その悲しみを洗い流すことは出来ない。今度は、悲しみを見ず、死を見ず、病《やま》いを見ず、ただ死せるに非《あら》ざる「活《い》けるラザロの実相《じっそう》」を見られたのである。その時ラザロは復活《ふっかつ》した。

十一月二十六日の法語　彼の悩《なや》みを洗浄《せんじょう》する法

人の病《やま》い（悩《なや》み）等《など》を清《きよ》めるのも洗濯《せんたく》するのと同じである。「治す人」は洗剤《せんざい》の如《ごと》きものである。洗剤は一度「洗濯物」から自分自身にそのよごれを摂《と》り、自分自身がい、よごれなければならぬ。これが「可哀相《かわいそう》」だと思う事にあたる。次には少しも「よごれのない水」を、豊富に濺《そそ》いでそのよごれを捨ててしまわなければならぬ。「よごれのない水」とは、光明思念《こうみょうしねん》である。病いのことを少しも思わず、神のみが実在であること、神の世界に一切《いっさい》の悪は存在せずと思念するのである。

十一月二十七日の法語　相手の病《やま》いを治す思念《しねん》

更《さら》に彼が神の子であること、神の肖像《にすがた》としてつくられたる完全なる存在であること、その全身が物質に非《あら》ずして霊的《れいてき》実在であること、如何《いか》なる欠乏《けつぼう》も、病気も、不完全も悩《なや》みも存在しないのであって、ただ神の愛と平和と完全さとのみが存在すると云《い》うことを思念《しねん》して、その思念者が完全平和の心境になり得たとき、乃《すなわ》ち相手は癒《いや》されていると云《い》うことになるのである。相手に念《ねん》を送るのではなく、自分自身に摂取《せっしゅ》した念を浄《きよ》めるのである。自他は一体であるからである。

十一月二十八日の法語　柔和《にゅうわ》なる者、汝《なんじ》は地を嗣《つ》がん

「すみません、私《わたくし》が悪かったのです。貴方《あなた》は神の子で完全な方《かた》でありますのに」と妻が良人《おっと》に詫《わ》びる気になった時、その妻自身の病気が治ったり、良人《おっと》の重病が治ったり、愛児の病気の治った実例は沢山《たくさん》ある。それは「(心の)貧《まず》しき者は幸《さいわ》いなるかな、神の国は汝《なんじ》のものなればなり」と云《い》うのにも当《あた》る。傲《おご》れる者は、神を求めず、神に縋《すが》る気にもなれない。ただそれは氷山の水面上の部分の硬《かた》さに信頼《しんらい》する者であるからである。氷山が融《と》けて来たとき海の水の広大さが判《わか》るのである。

十一月二十九日の法語　無条件降伏《こうふく》

神への無条件降伏《こうふく》こそ、無条件幸福《こうふく》の源泉《げんせん》である。無条件降伏はただの観念《かんねん》の問題ではなく、それは一つの実行である。それは、上衣《うわぎ》をとらんとする者には下衣《したぎ》をも与《あた》

え、十里の公役《こうえき》を強《し》いられなば二十里を行き、右の頬《ほほ》を打つものあらば左の頬《ほほ》をも打たしめる実行である。これを実行したときに奪《うば》われた上衣《うわぎ》は戻《もど》り、敵は味方となり、二十里を行って益々《ますます》疲《つか》れず愈々《いよいよ》元気旺盛《おうせい》となるのである。与《あた》えることのうちにこそ、すべての自由と、無限供給の源泉があるのである。

十一月三十日の法語　与《あた》えよさらば与えられん

「求めよ、さらば与《あた》えられん」と教えられている。併《しか》し「与えよさらば与えられん」と云《い》う事は更《さら》に真実である。子供が重病に罹《かか》って医者が手を放《はな》した様《よう》な場合に、「神よ、この子を是非《ぜひ》いやし給《たま》え」と祈るよりも、「神よ、御心《みこころ》のままになし給《たま》え」と完全に神に対して、自分の子を与えてしまった方《ほう》が、癒《い》える事が早い。何故《なぜ》なら、「是《ぜ》非《ひ》いやし給《たま》え」と祈っている時は、その子の親の執着《しゅうちゃく》が子供の生命を縛《しば》っているけれども、神に与えた時には執着で子供の生命を縛る事がない。

十二月の法語　神とともに祈る

十二月一日の法語　去私《きょし》すなわち神

「わが魂《たましい》の底なる神よ。あなたのみ声を誤《あやま》りなく聴《き》くことが出来ますように。あなたのみ心が私《わたくし》の心となって顕《あらわ》れてまいりますように。我《が》をなくならしめ給《たま》え。わたしの行《おこな》いがあなたの行いでありますように」。これが私の祈りである。我《が》がなくなったとき、其処《そこ》に神が顕《あらわ》れる。神が顕れたとき、其処《そこ》には完全円満のみが存在するのである。悪《あ》しきものは存在しない。それは我《が》の顕れに過ぎないのである。私心を去ったとき唯《ただ》円満完全のみがあらわれる。あまり自分でたくまぬが好《よ》い。

十二月二日の法語　神に波長《はちょう》を合わせ

神は善人《ぜんにん》にも悪人《あくにん》にも、太陽が一様《いちよう》に万人《ばんにん》を照らすかの如《ごと》く、照らし給《たま》う。それを受けると受けないとは、自分の心がそれに波長《はちょう》が合うか合わないかの事である。色盲《しきもう》は紅《あか》や緑の色があっても、その網膜《もうまく》の色素《しきそ》細胞《さいぼう》が、それらの色に波長を合わさないから見えないのである。オカゲを受けたいものは波長を合わすことである。我《が》の波長では神の恵《めぐ》みの波長は受けられぬ。よろしく我《が》を捨てカラッポになるべきである。カラッポの容《い》れ物《もの》のみよく一切《いっさい》のものを受け入れ得るのである。

十二月三日の法語　そのままの美しさ

そのままの美しさを知らねばならない。そのままの美しさを殺した活花《いけばな》は美しいようでも真の美しさに欠《か》けている。どんな樹《き》の枝《えだ》の歪《ゆが》みにも、その自然の歪《ゆが》みのゆえに、美しさが満《み》ちている。それは画家がよく知っている。どんな人間の顔もそのままが全体として調和した美しさをもっているのであって、鼻の低い人は鼻の低いそのままが全体の顔の道具と調和しているのである。若《も》し隆鼻術《りゅうびじゅつ》でも施《ほどこ》して、その鼻を人工的に高くしたら、その顔は全体の調和を失って了《しま》う。

十二月四日の法語　不ぞろいの美しさ

すべての人の眼《め》は左右平等《びょうどう》ではないのである。左眼と右眼とは其《そ》の大きさが異《ちが》う。そこに美しさが見られ、生命の動きが見られる。左右平等では動きが見られないのである。動きと云《い》うものは二つのものの力の相異《そうい》から来るのである。活《い》け花《ばな》にも天と地との位《くらい》をつくった其処《そこ》に生動《せいどう》の姿をあらわす。天は高く地は低く、そこに美が構成せられる。もし天地《てんち》の位置を、平等の高さに置いて活《い》け花《ばな》を活《い》けるならば、美しさなどは見られない。平等でないところに美があるのである。

十二月五日の法語　自然の歪《ゆが》みの美しさ

茶の湯の茶碗《ちゃわん》の美も、人間的に巧《たく》まない自然の歪《ゆが》みの曲線にある。若《も》し機械にかけてあれを人工的に正図《せいず》にしてしまったら美しさなどはないであろう。人間は兎《と》もすれば人工的機械的な直線をつくりたがる。けれども人工的な機械的な直線は自然のたくまない線に較《くら》べるとその美しさは劣《おと》るのである。大自然のもので、コンパスで書いたような、正円《せいえん》もなければ、定規《じょうぎ》で引いた様《よう》な直線もないのである。しかもその歪《ゆが》んでいる樹木《じゅもく》の枝《えだ》の美しさ。人間の眼《め》の不揃《ふぞろ》いも美しいのである。

十二月六日の法語　無理にたくむな

人生の行路《こうろ》も樹木《じゅもく》の枝《えだ》の曲《まが》りのように迂余曲折《うよきょくせつ》しているものである。迂余曲折している儘《まま》で美しいのであり、その儘《まま》その自然のゆがみにまかせて行けば美しく豊富な結果が得られるのである。そのまま自然の、歪《ゆが》みに任《まか》せて行こうとしないで、我《が》を出して一直線に引こうとしたり、また無理にたくんで美しい曲線に曲《ま》げて行こうとしたりするから、美しい結果が得られないで苦しまなければならないのである。行雲《こううん》の如《ごと》く流水《りゅうすい》の如《ごと》く、その儘《まま》に流れるとき何事《なにごと》も美しく成就《じょうじゅ》する。

十二月七日の法語　逆《さか》らえば順潮《じゅんちょう》も逆潮《ぎゃくちょう》

一直線の運河《うんが》には美は乏《とぼ》しく、自然にうがたれたる渓谷《けいこく》や河水《かすい》の流れには美しさが満《み》ちている。自分がカラッポになるとき、自然が穿《うが》つのである。波《なみ》に乗るとき万事《ばんじ》は調和して順潮《じゅんちょう》に行く。本来逆潮《ぎゃくちょう》と云《い》うものはないのであるが、順潮もさからえば逆潮となる。波に乗って泳げば疲《つか》れることを知らずに、其《そ》の目的地に達することが出来るけれども、波に逆《さか》らえばしばしの間に疲れてしまい、泳ぐ力もなくなって途中《とちゅう》で溺《おぼ》れてしまうであろう。人生の行路《こうろ》もそのようなものである。

十二月八日の法語　神と、と、もに祈る

神よ、生《い》きとし生《い》けるものを生《い》かし給《たま》える吾等《われら》のみお、や、なる神よ。わたし自身の本来のものでない願いを、わが胸より去らしめ給《たま》え。わが心を浄《きよ》め給《たま》え。わが魂《たましい》の切《せつ》

なる願いのみを願うことが出来る様《よう》になりますように――(今日《きょう》の祈り)。

自分が真に何をもとめているかを知らない人が随分《ずいぶん》多いのである。そして自分のものでないものを憧《あこが》れ求め、それが成就《じょうじゅ》しないからとて歎《なげ》き悲しみ、それが成就したからとて図《ず》に乗って悪く働く。ああ迷《まよ》える人々よ。

十二月九日の法語　自分の魂《たましい》の喜び

真に神が私《わたくし》に割当《わりあ》てたものだけが、真に自分の魂《たましい》を喜ばせるのである。其《そ》の余《よ》のものは吾々《われわれ》の魂を喜ばすことは出来ない。一時《いちじ》五官を楽しませたように見えても、五官の楽しみは魂の喜びではないから、やがて魂は歎《なげ》くのである。自分の魂の内《うち》なる「切《せつ》なる願い」から出たものでないものは、得《え》ても甲斐《かい》なきものである。「魂の切なる願い」は、自己の内にやどる「神の生命」の願いであるから、神とともにそれは願うのであるから成就《じょうじゅ》しないと云《い》うことはない。

十二月十日の法語　天の使《つかい》とは

「『われ汝《なんじ》が無花果《いちじく》の樹《き》の下《した》におるを見たりと言いしに因《よ》りて信ずるか、汝《なんじ》これよりも更《さら》に大《おお》いなる事を見《み》ん』また言い給《たま》う『まことに誠《まこと》に汝《なんじ》らに告《つ》ぐ、天ひらけて人の子のうえに神の使《つかい》たちの昇《のぼ》り降《くだ》りするを汝《なんじ》ら見るべし』」（「ヨハネ伝」第一章末節）。予言が出来たり、透視《とうし》が出来たりすることが尊《とうと》いのではない。それよりも尚《なお》尊いのは、人の子のうえに神の使《つかい》たちの昇《のぼ》り降《くだ》りすること即《すなわ》ち人間が神霊《しんれい》の顕現《けんげん》であり、「神の霊波《れいは》」が昇り降りすることである。「神の霊波」を人格的に表現して、「天の使《つかい》」と言ったのである。

十二月十一日の法語　私《わたくし》のために奇蹟《きせき》を求むな

キリストの奇蹟《きせき》は予言や透視《とうし》や治病《ちびょう》のほかに水を葡萄酒《ぶどうしゅ》に変じた物理的心霊現象《しんれいげんしょう》

（「ヨハネ伝」第二章）さえも起こしたのである。日本にも孝子《こうし》が滝《たき》の水を汲《く》んで父に与《あた》えたとき、それが酒に変じていたと云《い》うごとき養老《ようろう》の滝の奇蹟《きせき》もある。しかしこれらの奇蹟は、神を試《こころ》みるための奇蹟でもなく、自己を誇《ほこ》らんがための奇蹟でもなく、神の栄光をあらわすところの奇蹟である。それは私的な求めによる奇蹟ではなく、公《おおや》けなる内部要請《ようせい》に基《もと》づく奇蹟なのである。真に公けなる愛に基づく祈りが起こるならば更《さら》に一層《いっそう》大なる奇蹟を見るであろう。

十二月十二日の法語　商売主義を排《はい》す

イエスはユダヤ人の過越《すぎこし》の祭りのちかづいたとき、イエルサレムの宮《みや》の境内《けいだい》に、牛、羊、鳩《はと》を売るもの、両替《りょうがえ》する者などが坐《すわ》っているのを見て縄《なわ》の鞭《むち》をつくり、羊をも牛をもみな宮より逐《お》い出《いだ》し両替する者の金《かね》を散《ち》らし、その台を倒《たお》し、鳩をうる者に「これらの物を此処《ここ》より取去《とりさ》れ、わが父の家を商売の家とすな」と言った事が聖書《せいしょ》に書かれている。イエスは神を利用して儲《もう》けるところの商売主義に反対したのである。神に対して商売的な功利主義で相対《あいたい》することは間違《まちが》いである。

十二月十三日の法語　形式主義を排《はい》す

イエスは暴力を用《もち》いなかったか、絶対に無抵抗《むていこう》主義であったかどうかと云《い》う問題についての議論の際引用せられるのが此《こ》の「縄《なわ》の鞭《むち》」である。イエスは形式主義者ではなかった。「つるぎを執《と》る者は剣《つるぎ》に滅《ほろ》ぶ」といったイエスも剣《つるぎ》のほかに「縄《なわ》の鞭《むち》」は使ったのである。イエスは「審判《さば》く勿《なか》れ」と教えたが、彼は激《げき》して形式主義のパリサイを審判《さば》いている。また「審判《さばき》は子にゆだね給《たま》えり」とも言っているイエスは生命主義者であり、生命の動く儘《まま》に自由に振舞《ふるま》ったのである。

十二月十四日の法語　みずから作る運命

イエスは審判《さば》いたから、とうとうその反対論者や審判《さば》かれた祭司《さいし》やパリサイなどの謀略《ぼうりゃく》にかかって磔刑《はりつけ》にせられたのである。イエスは「モーゼ蛇《へび》を挙《あ》げしが如《ごと》く人の子も挙げらるべし」とみずから予言して其《そ》の予言通りになるように行動したのである。イエスには磔《はりつけ》に架《かか》ることが自己の切《せつ》なる魂《たましい》の奥底《おくそこ》の願いだったのである。魂の奥底の切なる願いは必ず成就《じょうじゅ》する。彼の生涯《しょうがい》は若《も》し彼があんなに神経的に他を審判《さば》かなかったならば十字架《じゅうじか》にかからなかっただろう点が多々《たた》ある。

十二月十五日の法語　人を赦《ゆる》して眠《ねむ》ること

イエスでさえも審判《さば》いたならば審判《さば》かれて十字架《じゅうじか》に架《かか》るのである。普通《ふつう》の人間が人を審判《さば》いて幸福になれる筈《はず》はない。「兄弟を憤《いきどお》る者はゲヘナの火に投げ入れられん」

とまでイエスは激語《げきご》している。多くのなかなか治らない難病は人を恨《うら》んでいる為《ため》に、又《また》は人を赦《ゆる》していない為《ため》に治らない。病《や》める者は眠《ねむ》りしなに、赦《ゆる》していない者があればそれを思い出して「私《わたくし》は貴方《あなた》を赦《ゆる》しました。貴方《あなた》も私を赦《ゆる》しました。私はあなたに感謝しています」と深く念《ねん》ずる事によって治るのである。

十二月十六日の法語　富《とみ》とは貨幣《かへい》のみではない

富《とみ》と云《い》うものは貨幣《かへい》のみではない。又物資《またぶっし》のみでもない。人に深切《しんせつ》を尽《つく》して置《お》くと、それが富である。軈《やが》て入用《にゅうよう》の時に其《そ》の人から再び深切《しんせつ》にされ援助《えんじょ》される事がある。よき考えもまた富である。実用新案などと云《い》って、一寸《ちょっと》した小さな「善《よ》き考え」さえも無限に儲《もう》けを引出《ひきだ》すこともあり得る。よき友人を持つ事も富の一種である。信用も亦《また》富である。意志の強固さや、持続力《じぞくりょく》の強さや、頭脳の良《よ》さも亦《また》富である。更《さら》によき妻をもち、よき子をもち、良き召使《めしつかい》を持つ事も大《おお》いなる富である。

十二月十七日の法語　完全な自由を得るには

金《かね》があっても買えないものがある。善《よ》き妻、善《よ》き子は金があっても買う事は出来ない。快楽は金で買い得る事があるが、真の幸福は金では買い得ないものである。金があっても良《よ》いインスピレーションは買い得ないし、完全の自由は求め得られない。金に執着《しゅうちゃく》している限りその人は金に縛《しば》られる。釈迦《しゃか》は金貨が山の中にかくされているのを見て、「あそこに毒蛇《どくじゃ》がいる」と言ったそうである。金が尊《とうと》いのではない。完全の自由が尊いのである。完全の自由があれば何《な》んでも得られる。

十二月十八日の法語　神をわがものとせよ

完全の自由を得るには「完全の自由の本体《ほんたい》」をわがものとしなければならぬ。「完全の自由の本体」とは全智全能《ぜんちぜんのう》なる神のみである。全智全能なる神をわがものとしたときにのみ「完全な自由」が得られる。全智全能をわがものとするには小智小能《しょうちしょうのう》を捨てなければならぬ。即《すなわ》ち自分の「我《が》的欲望」を捨てなければならぬ。自分の小さい知恵《ちえ》を握《にぎ》っている限り、どんな大きいものがあっても握るわけには行かぬ。大きいものを握るには、今まで握っていたものを先《ま》ず離《はな》すことだ。

十二月十九日の法語　汝《なんじ》は何者《なにもの》であるか

汝《なんじ》は汝《なんじ》の自己が「汝《なんじ》自身が何であるか」と信じている通りになるのである。汝《なんじ》は弱小《じゃくしょう》であると信じている限り弱小になる。汝《なんじ》は既《すで》に偉大《いだい》であると信じておればその信ずる通り偉大となるのである。信念《しんねん》は山を動かす。信とは人偏《にんべん》に言《コトバ》であり、コトバは本質である。人間の本質に対する自覚が信である。人間の本質が神の子であることを信じたときに、その神の子の完全さが現れる。自己の本質を自覚するまでに、ニセモノの自覚を捨てなければならぬ。それが悔改《くいあらた》めである。

十二月二十日の法語　ニセモノの自覚を捨てよ

「悔改《くいあらた》めよ、天国は手の届くところにある」とキリストは言った。ニセモノの自覚を捨てなければ、ニセモノのままで、自分は神の子だと頑張《がんば》ったとて何《な》んにもならぬ。鍍金《メッキ》は本物だと頑張っても本物にはならぬ。鍍金《メッキ》を剝《は》がして本物を出してこそ「わしは本物だ」と主張する資格があるのだ。鍍金《メッキ》を剝《は》がす方法が「悔改《くいあらた》め」であり、懺《ざん》悔《げ》である。懺悔なしに自覚の転回は不可能である。洗濯《せんたく》することなしに、垢《あか》を流し捨てることなしに「私《わたくし》は清潔《せいけつ》です」と頑張って見ても駄目《だめ》だ。

十二月二十一日の法語　自己を死に切る

「悔改《くいあらた》め」を仏教では「懺悔《ざんげ》」と言い、自己放棄《ほうき》と言い、パウロは「自己を死に切る」と言った。一遍《いっぺん》、肉体としての自分を死に切ったとき、霊《れい》の自分に復活《よみがえ》るのであるる。自分を肉体だと思っている限りに於《お》いて、人間はエデンの楽園《らくえん》から追放せられなければならない。自分を肉体だと思う知恵《ちえ》は、地（物質）に執《しゅう》した蛇《へび》の知恵である。蛇は地を這《は》う動物であり、地は物質を表徴《ひょうちょう》し、物質をありとして執着《しゅうちゃく》する五官を「蛇」をもってあらわし、その蛇に教えられたる知恵を「知恵の樹《こ》の果《み》」をもって表徴《ひょうちょう》する。

十二月二十二日の法語　新たに生《うま》れる

知恵《ちえ》の樹《こ》の果《み》を食べたときアダムとイヴとはエデンの楽園《らくえん》から追放せられた。その如《ごと》く人間は自分自身を五官の感覚で観《み》て「物質」の塊《かたまり》だと思い出したときに自由自在の境涯《きょうがい》（楽園）から追放せられたのである。「物質」は霊《れい》の自由に対する障礙《しょうがい》であるからである。だから吾々《われわれ》が真に自由自在の境涯になろうと思うならば吾々《われわれ》は「新たに生《うま》れ」なければならないのである。物質的存在としての自覚から「霊的実在」としての自覚への更生《こうせい》である。これをキリストは「人あらたに生れずば、神を見ること能《あた》わず」（「ヨハネ伝」第三章三）と言ったのである。

十二月二十三日の法語　キリストの復活《ふっかつ》

ニコデモは新たに生《うま》れることを知らない所の、自己をいつまでも物質の塊《かたまり》だとして見ている人間を代表してこう言っている――「人はや老《お》いぬればいかで生《うま》るる事を得《え》んや、再び母の胎《たい》に入《い》りて生るることを得んや」と。彼は新生《しんせい》することをどこまでも物質的更生《こうせい》であると考えているのである。キリストの十字架《じゅうじか》の真の意義《いぎ》は「肉体」を抹殺《まっさつ》して「霊」として復活《ふっかつ》することだったのである。彼は「肉体なし」と説教《せっきょう》してもわからないから、現実に肉体を十字架につけて、復活して見せたのである。

十二月二十四日の法語　美しき結《むす》び

ネクタイを結《むす》ぶにも左は中心であり、右はその中心に従って巻くのである。かくして美しきネクタイの結び目はつくられる。左は良人《おっと》であり、右は妻である。箒《ほうき》で掃《は》くにも、擂鉢《すりばち》をすりこ木で磨《ま》するのも、左手は上にありて中心を保つ。右手はその中心に従って動くのである。太陽系統では、大《だい》なる陽《よう》（太陽）を中心としてすべての遊星《ゆうせい》は動く、遊星は自《みずか》ら光を放《はな》たず陰《いん》である。物質の原子も、中央に陽電気エネルギーの原子核《かく》あり、その周囲を陰電子はめぐるのである。

十二月二十五日の法語　良人《おっと》を愛するには

良人《おっと》を愛するつもりで、良人《おっと》の欠点を出来るだけ探して、それを是正《ぜせい》しようと思ったり良人《おっと》のする事が何だか危なかしくて、色々注意を与《あた》えたりする人があるが、絶《た》えず夫人に批判されていると云《い》う事は良人《おっと》にとって好《よ》い気持なものではない。愛され過ぎている総領息子《そうりょうむすこ》が身体が弱くて神経質になるのと同じで、良人《おっと》も段々神経質になり疳癪持《かんしゃくもち》になり、遂《つい》には、ただ無批判でついて来る女性を求め、妻以外に女性を求めるようなことにもなる。愛するとは放《はな》つことである。

十二月二十六日の法語　人間すべからく偉大《いだい》なれ

神は無限の富者《ふうじゃ》であり、宇宙に満《み》つる偉大者《いだいしゃ》である。神は決して神の子たる人間に最低限度の生活などを強要《きょうよう》してはいられないのである。人間はただ大根《だいこん》や馬鈴薯《ばれいしょ》を辛《かろ》うじて食べるために生きているものではない。神の偉大さを実現せんがために生《うま》れて来たのが人間である。須《すべか》らく偉大なる事に着眼《ちゃくがん》し、偉大なる生活を送らなければならぬ。夜、人の知らぬ間《ま》に降《お》りて大地や草木《そうもく》を霑《うるお》す夜露《よつゆ》の様《よう》な隠《かく》れたる生活も尊《とうと》いが、ナイヤガラの瀑布《ばくふ》やグランド・キャニオンの峡谷《きょうこく》も美しく尊いのである。

十二月二十七日の法語　絶《た》えざる進歩

絶《た》えず進歩しつづける者は、ついには偉大《いだい》に到達《とうたつ》する。ナイヤガラの瀑布《ばくふ》も、その源《みなもと》は一滴《いってき》一滴の雨水《あまみず》が集まったのである。点滴《てんてき》ついに石を穿《うが》って、ついにグランド・キャニオンの峡谷《きょうこく》も出来上がった。小さな進歩を軽蔑《けいべつ》する者は大きな進歩に到達し得ない。偉大なる進歩は常に意志の力による持続《じぞく》の結果である。併《しか》し、高く大《おお》いなる夢を描《えが》かない者は、いくら意志の力を持続せしめようとも大《おお》いなる事は成就《じょうじゅ》しない。夢は軈《やが》て成就する物の方向を定め、意志は最後までその夢を把握《はあく》して成就させる。

十二月二十八日の法語　夢を実現する食物《しょくもつ》

夢を実現する力は意志の持続《じぞく》であり、その方法はサービスである。サービスは夢を実現するための食物《しょくもつ》のようなものである。人のために尽《つく》さないで夢を実現しようと思っても、それは空中楼閣《くうちゅうろうかく》に過ぎない。夢を一歩一歩現実にする方法は、一歩一歩サービスをして行くところにある。サービスとは愛行《あいぎょう》である。日々《ひび》人のためになりつつ前途《ぜんと》に大きな夢を描《えが》いて弛《ゆる》みなく進んで行く者はついにその偉大《いだい》なる夢は成就《じょうじゅ》するのである。夢が偉大に成長する為《ため》の食物はサービスである。

十二月二十九日の法語　心で光を見る

福山市《ふくやまし》三吉町《みよしちょう》の木工業横山勇《よこやまいさむ》君はこんな体験を語った。「私《わたくし》の妻は一方の眼《め》の瞳《ひとみ》に星がかかって、その星が次第《しだい》に大きくなり失明した状態になっていた。六月に尾道《おのみち》市に生長の家の講習会が開かれたとき聴講《ちょうこう》に来た。第一日の講習を受けた翌日は眼が痛《いた》み出して二日目の講習会には出席出来なかった」。これは迷《まよ》いの自壊《じかい》作用である。「第三日には痛みが和《やわら》ぎ出席したが、何かの拍子《ひょうし》に手が眼の繃帯《ほうたい》にふれて繃帯《ほうたい》の位置がズレると、星に瞳孔《どうこう》が閉《とざ》されて見えなくなっていた眼が見え出した」。心が一変して光を見る心になったからである。

十二月三十日の法語　万物《ばんぶつ》の奥《おく》に光を見よ

光は天地間《てんちかん》に充《み》ち満《み》ちておれども、その光を百パーセント完全に見るものは聖者《せいじゃ》である。多くの人たちはその光を一部分しか見ていないのである。心の眼《め》を開いて見よ。到《いた》る処《ところ》に光は充満《じゅうまん》している。空気には神の生命がかがやいているのである。空気を吸《す》っていることは神の生命を吸っていることである。水には神の愛が輝《かがや》いているのである。水を飲むことは神の愛を飲むことである。食物《しょくもつ》には神の恵《めぐ》みが輝いている。これを食《しょく》することは、神の恵みを食することである。

十二月三十一日の法語　再び新生《しんせい》をする

愈々《いよいよ》今年もこれで終る。吾等《われら》は今日《きょう》限り一切《いっさい》の悪《あ》しき習慣、人を怒《おこ》ること、憎《にく》むこと、恨《うら》むこと、不平に思うこと、悲しむこと、取越《とりこし》苦労すること、持越《もちこし》苦労する事を止《や》めることを誓《ちか》うのである。何事《なにごと》に対しても腹立《はらだ》てることなく、常に愉快《ゆかい》に、明るく、人々の心の中に、行《おこな》いの中に、常に善のみを見て悪を見ず、物事《ものごと》は今を生《い》かして積極的に取進《とりすす》み、常に自《みず》からが神の子であり、円満完全であり、無限の能力と健康とを所有していることを自覚自信し、撓《たゆ》むことなくひるむことなく神の道に邁進《まいしん》せんことを誓《ちか》う。

新版　光明法語〔完〕

新版《しんぱん》 光明法語《こうみょうほうご》〈道《みち》の巻《まき》〉

昭和24年7月1日　初　版　発　行
平成20年7月20日　新版初版第1刷発行
令和元年11月15日　新版初版第16刷発行

〈検印省略〉

著　者　谷《たに》　口《ぐち》　雅《まさ》　春《はる》
発行者　岸　　重　人
発行所　株式会社　日本教文社
〒107-8674 東京都港区赤坂9-6-44
電話03（3401）9111（代表）
03（3401）9114（編集）
FAX03（3401）9118（編集）
03（3401）9139（営業）
頒布所　一般財団法人　世界聖典普及協会
〒107-8691 東京都港区赤坂9-6-33
電話03（3403）1501（代表）
振替00110-7-120549

装幀　松下晴美　　印刷　凸版印刷　　製本　牧製本印刷

落丁本・乱丁本はお取り替え致します
定価はカバーに表示してあります

ISBN978-4-531-05260-8

＊本書は、本文用紙に無塩素漂白パルプ、植林木パルプ100%、印刷インクに植物油インク（ベジタブルインク）を使用することで、環境に配慮した本造りを行っています。

VEGETABLE OIL INK

https://www.kyobunsha.co.jp/

谷口雅宣著　本体463円
凡　庸　の　唄
他より先へ行くことよりも大切なこと、他と競うよりも別の楽しみはいくらでもある——。心を開き、周囲の豊かな世界を味わい楽しむ「凡庸」の視点をもった生き方を称えた感動の長編詩。

谷口純子著　本体1296円
46億年のいのち
地球のいのちを感じて暮らす、森からのエッセイ。自然の中で過ごす心地よさや、自然の神秘、美しさ、偉大さに目を見張り、自然と調和した生活の喜びを綴っている。　生長の家発行／日本教文社発売

谷口雅春著　本体1619円
新版 幸福生活論
神をわがものとして、人生万般にわたる幸福を実現するための道を説くと共に、躁鬱病、肉食、予言、愛、芸術等のテーマを採り上げて幸福生活の指針を示す。

谷口雅春著　本体1620円
新版 善と福との実現
日常生活から全ての不幸や暗黒を追放し、善一元の神の国を実現する道とは何か。幸福の世界に出る法を説き明かした不朽の名著が装いも新たに登場。

谷口雅春著　本体1620円
新版 生活と人間の再建
生活を、物質的な価値観の上に築かず、人間を「神の子」と観る人間観の上において、新たに出発させるとき、平和で幸福な生活が実現することを説いた名著。

谷口雅春著　本体2000円
新版 希望を叶える365章
あなたの希望が本当に「あなたになくてはならぬ」ものであるならば、その希望は必ず実現する。本書に示された真理によって、一切を創造する強大な心の力をあなたのものにして下さい。

谷口清超著　本体1143円
生長の家の信仰について
あなたに幸福をもたらす生長の家の教えの基本を、「唯神実相」「唯心所現」「万教帰一」「自然法爾」の四つをキーワードに、やさしく説いた生長の家入門書。